Blumengrüße bilden Identität: Tulpen in Amsterdam, Rosen in der Lufthansa First Class.

Blühendes Amsterdam

Amsterdam, an der Amstel gelegen und von unzähligen Grachten durchzogen, lebt vom und auf dem Wasser. Mit unzähligen Pfählen rang man im Mittelalter dem feuchten Moor und Sumpfgebiet das Land ab, auf dem schließlich Amsterdam entstand. Dieser fruchtbare Boden kam einer Pflanze zugute, die wie keine andere heute Symbol Hollands ist: die Tulpe. Aus ihrer Heimat Asien trat sie im Mittelalter den Siegeszug durch Europa an. Heute gehen Tulpensträuße aus den Niederlanden als bunte Frühlingsgrüße in alle Welt. Auch Lufthansa sagt ihren Gästen gern durch eine Blume, wie wichtig sie sind. Die rote Rose steht seit über 50 Jahren für einen exzellenten First-Class-Service auf allen Langstreckenflügen. Eine kurze Strecke müssen Sie hingegen nur zurücklegen, um die niederländische Hauptstadt zu erreichen.

Lufthansa fliegt Sie hin, täglich mehrmals und zu attraktiven Preisen. Alle wichtigen Informationen zu unseren Amsterdam-Flügen, aber auch zu weltweit über 180 Destinationen finden Sie im Internet unter www.lufthansa.com. There is no better way to fly.

Lufthansa

A STAR ALLIANCE MEMBER

AMSTERDAM

City Highlights

teNeues

WELT EDITION

Impressum

Herausgegeben von DIE WELT und WELT am SONNTAG
www.welt.de

Einleitung: Harald Braun
Objekttexte: Yasemin Erdem
Kategorientexte: Yasemin Erdem
Serviceteil: Marianne Bongartz, MaBo-Media, Köln
Redaktion: Sönke Krüger und Frank Rumpf (WELT am SONNTAG), Sabine Scholz und Arndt Jasper (teNeues Verlag)
Koordination: Hanna Martin und Anne-Kathrin Meier (Gesamtedition), Katharina Feuer (Amsterdam)
Layout: Katharina Feuer
Bildbearbeitung und Reinzeichnung: Jan Hausberg, Martin Herterich

Fotografien: Katharina Feuer, Ronald Gütt und Roland Bauer (Hotels), außer: RoVorm (S. 24 o., r. u.), Nels van Malsen (S. 24 l. u., S. 25), Jannes Linders (S. 27 r. u., S. 36 o. und l. u., S. 37, S. 52 l. u., S. 114–115), courtesy Rembrandthuis (S. 28 u., S. 40), Beurs van Berlage Stichting / Jan Derwig (S. 30), courtesy Anne Frank Huis (S. 36 r. u.), Liselore Kamping (S. 44 m. u.), Jeroen Swolfs (S. 50 u.), courtesy van Gogh Museum (S. 52 m. u.), Fotograf: Luuk Kramer (S. 52 r. u.), Kim van der Leden (S. 58, S. 72–73), Concrete (S. 59), courtesy Brasseria Harkema (S. 60–61), Ron Offermans (S. 64–65), courtesy Nomads / Concrete (S. 66–67), courtesy Jimmy Woo (S. 76–79), Matthys Heins (86–87), Jeroen Musch (S. 108–109), courtesy Starwood Hotels (122–123), courtesy The College Hotel (S. 130–131), courtesy Heineken Experience, Fotograf: Eddy van Wessel (S. 146–147), Markus Bachmann (S. 152 r. o.)
Coverbild: Ronald Gütt

Inhalt und Produktion: fusion publishing GmbH, Stuttgart . Los Angeles
www.fusion-publishing.com

teNeues Publishing Group

teNeues Verlag GmbH + Co. KG
Am Selder 37, 47906 Kempen, Germany
Tel.: 0049 / (0)2152 / 916 0
Fax: 0049 / (0)2152 / 916 111
Presseabteilung: arehn@teneues.de

www.teneues.com

Redaktionsschluss der vorliegenden Ausgabe: 01.02.2007

Mit diesem Symbol weisen wir Sie auf ein paar ganz besondere Tipps der Redaktion von DIE WELT und WELT am SONNTAG hin.

Bibliografische Information der Deutschen Bibliothek
Die Deutsche Bibliothek verzeichnet diese Publikation in der Deutschen Nationalbibliografie; detailierte bibliografische Daten sind im Internet unter http://dnb.ddb.de abrufbar.

ISBN 978-3-8327-9184-1

Printed in Italy

Rechte Seite: Herengracht

„Amsterdam ist das Brennglas der Städte, der Schmuck der Niederlande, das Juwel Europas.“

Johann Amos Comenius, 1592–1670

Sehenswürdigkeiten

Kultur: Museen, Galerien, Theater, Kinos

Gastronomie: Restaurants, Cafés, Bars, Clubs

Einkaufen

Hotels

Was noch?

Serviceteil

IMPORT
EXPORT

Linke Seite: Grachtenhäuser
Rechte Seite: Häuserzeile am Nieuwmarkt

Amsterdam – diese Stadt versteht Spaß

Es ist im Grunde ziemlich leicht, Amsterdam zu verstehen. Meine These lautet: Amsterdam ist das Gegenteil von Los Angeles. Punkt. Ich halte das für eine gute Nachricht. Begreifen Sie nicht? Dann denken Sie doch mal einen Moment darüber nach. Los Angeles ist eine Metropole, die sich anfühlt wie ein Dorf, bei Amsterdam verhält es sich genau umgekehrt.

Nehmen Sie diese Sache mit den Autos. Wenn Sie versuchen, Los Angeles *ohne* eigenes Fahrzeug zu erkunden, halten Sie die Einheimischen für verrückt. Wenn Sie versuchen, Amsterdam mit dem Auto kennenzulernen, werden Sie verrückt. Amsterdam, zumindest seine Innenstadt, ist nämlich ziemlich klein und verwinkelt, und die zahlreichen Grachten und Brücken machen es nicht einfacher, sich darin zu orientieren. Trotzdem hört man immer wieder, dass sich der Besucher so ziemlich überall gut unterhalten und im Zentrum des Geschehens fühlt, auch wenn er ständig denkt: War ich hier nicht schon mal?

Los Angeles hingegen ist sehr groß, und man denkt, wenn man 20 km auf einer Ausfallstraße voller Tankstellen und Fast-Food-Läden herunterfährt: Verdammt, wo soll's denn hier eigentlich hingehen und wo ist denn hier so etwas wie ein Zentrum?

In Amsterdam kann es passieren, dass man gerade aus einem der verwinkelten „Bruin Cafés" tritt, in dem Rembrandt womöglich noch persönlich gepichelt hat, hebt den Blick und sieht gleichzeitig eine Kirche aus dem 17. Jahrhundert, eine idyllische, vom Nebel verhangene Gracht plus eine dunkelhäutige Schönheit aus Paramaribo in einem rot illuminierten Schaufenster.

Okay, ich könnte Sie jetzt noch weiter mit Vergleichen zwischen diesen beiden Städten quälen, aber ich denke, Sie haben schon verstanden, worauf ich hinauswill: Amsterdam macht mehr Spaß. Aber man muss fairerweise sagen: Gegen Amsterdam haben die meisten Städte schlechte Karten.

Das liegt paradoxerweise auch daran, dass man als Besucher Amsterdams zuerst den Eindruck gewinnen könnte, dass an diesem Ort so vor drei, vier Jahrhunderten mal irgendwas ganz furchtbar schiefgelaufen sein muss. Die Pest war da und hat alles organische Leben hinweggerafft. Die prächtigen Bauten in ihrer „Amsterdamer Nobelschlichtheit" (Thomas Mann) standen derweil leer und still, bis in den 70er-Jahren des vorigen Jahrhunderts die größte Waldorfschüler-Population aller Zeiten zufällig in Amsterdam vorbeikam und beschloss: Hier bleiben wir und machen es uns gemütlich, malen alles bunt an und vergnügen uns dann im nächsten Coffeeshop. So muss es ungefähr gewesen sein. Nur so sind die Gegensätze zwischen der hochherrschaftlichen Idylle und der architektonischen Erhabenheit auf der einen und der unkonventionellen Lebensfreude, dem fröhlich-chaotischen Alltagsdesign und der sprichwörtlichen Toleranz auf der anderen Seite zu erklären. Sie prägen zu gleichen Teilen das besondere Flair Amsterdams.

Natürlich war in Wahrheit alles ganz anders, aber das wissen Sie ja: Holland war eine reiche Seefahrernation, die wohlhabenden Kaufleute bauten sich prächtige Patrizierhäuser und Stadtpaläste und lebten mit zahllosen Gästen aus aller Welt, die hier Handel trieben und mit

Linke Seite: links Straßenszene in der Singelgracht, rechts Herengracht
Rechte Seite: oben Blick über den Hafen, unten links Trödelladen, unten rechts Voorburgwal

ihren Goldtalern auch die Sitten und Gebräuche ihrer Heimat in die Niederlande einführten. Die Wurzeln für das liberale Miteinander der unterschiedlichsten Kulturen wurden in dieser Zeit gelegt, und so kommt es auch, dass nahezu 35 % der Bevölkerung in Amsterdam keine Ahnengalerie in den Niederlanden aufweisen kann, bei knapp 750 000 Einwohnern. Allein im Stadtgebiet von Amsterdam leben 173 Nationalitäten auf recht engem Raum zusammen und ertragen stoisch, dass ihnen jährlich über 20 Millionen Touristen in die gute Stube schauen.

Das ist durchaus buchstäblich zu verstehen und einer meiner Lieblingsgründe, immer wieder mal nach Amsterdam zu reisen. Der Holländer als solcher hält es mit Calvin und seinem Postulat: Wer sich versteckt, hat etwas zu verbergen! Und so kann man in den kleinen Gässchen, in denen man zwangsläufig auf Tuchfühlung an den schmalen Butzen der Einheimischen vorbeiläuft, unbehindert von Gardinen und ähnlichem Sichtschutz dem Amsterdamer beim Essen, Streiten und Einrichten zuschauen, live und in Farbe, in den Wintermonaten sogar schön ausgeleuchtet. Besser als jedes Theater – na ja, für Leute wie mich zumindest, die in Amsterdam nur selten einen Fuß in eines der mehr als 50 Museen oder über 140 Galerien setzen, Rembrandt hin oder her. Amsterdam selbst ist mir Kulisse und Kunst genug.

Wenn ich kulturbeflissen aufstöhnen möchte, dann stromere ich die Prinsengracht entlang und wühle in den anliegenden Läden nach kuriosen Mitbringseln oder Antiquitäten. Keine andere Stadt, die ich kenne, gönnt sich so viele unkonventionelle kleine Läden, in denen oft Menschen sitzen, die ihr Warenangebot nicht nur verkaufen, sondern tatsächlich wertschätzen.

Oder ich lungere stundenlang mit Erfrischungsgetränken in einem der Eckcafés an den Grachten herum und freue mich darüber, dass sich der Sinn für Design und Alltagsästhetik auch in der Mode der auffallend vielen jungen Menschen in Amsterdam niederschlägt. Niemand kann gleichzeitig wie Kate Moss und Pippi Langstrumpf aussehen – bis auf holländische Kunststudentinnen, die auf einem der 2 500 Hausboote in Amsterdam leben.

Natürlich ist auch Amsterdam kein Hort der reinen Schönheit und des ewigen Friedens. Unversöhnlich stehen sich hier gegenüber: Radfahrer, Fußgänger und Autofahrer. Letzteren können Sie, zumindest im Zentrum Amsterdams (und hier ist überall Zentrum) vergessen. Im Schritttempo verflucht der rechtelose Pkw-Lenker seine sinnlose Existenz in diesen engen Gässchen und auf den 1 281 Brücken im Stadtgebiet und macht sich davon, schleichend, mit hängenden Kotflügeln.

Der Radfahrer aber und der Fußgänger, das sind schon andere Kaliber. Da wird gezetert und geklingelt, gebelfert und gebremst, und es ist ein Wunder, dass in den Grauzonen zwischen Bürgersteig und Radweg nicht ständig schwere Unfälle mit Personenschäden passieren. Der gemeine Amsterdamer hat ein nahezu libidinöses Verhältnis zu seinem Drahtesel. Der neueste Trend ist, eine Art rollende Box vors Vorderrad zu bauen, damit darin der Junior sitzen und ebenfalls einen amüsierten Blick auf die Fußgänger werfen kann, bevor die in wilder Panik in die Büsche flüchten.

600 000 Fahrräder seien in der Stadt unterwegs, meldet das Fremdenverkehrsamt stolz, und ich vermute, sie tun das alle gleichzeitig, im selben Viertel. Sogar ein Fahrradparkhaus existiert in dieser Stadt. Ein Umstand, der mich

Sailing Home

SOUVENIRS
Retro en Chic
1953

Linke Seite: Grachten bei Nacht
Rechte Seite: links Nine Little Streets, rechts Prins Hendrik Kade mit Blick auf die Centraal Station

persönlich mehr verblüfft als die Existenz der immer noch mehr als 400, meist ziemlich vermufften Coffeeshops. Dazu nur eine Bemerkung: Der Cannabiskonsum ist auch in Holland nicht legal – er wird von den toleranten Holländern nur geduldet.
Die Zeiten, in denen verzottelte Dopeheads das Image und das Straßenbild Amsterdams bestimmten, sind indes lange vorbei. Zwar reisen immer noch Kids aus allen europäischen Metropolen nach Amsterdam, um sich drei Tage lang systematisch um den Verstand zu quarzen, doch bei dem Ansturm der Touristen, die Amsterdam aus besseren Gründen besuchen, spielen sie in der Wahrnehmung der Stadt keine Rolle mehr.
Dass sich Amsterdam trotz steigender Einwohner- und Besucherzahlen nicht selbst auf die Füße tritt, sondern im Gegenteil, immer urbaner und moderner auftritt, hat einen Grund: Amsterdam wächst an den Rändern, und das sehr bewusst und stilsicher. Beispielhaft sind die für moderne Architektur und Design bekannten „East Dock Islands" zwischen Hauptbahnhof und Hafen. Die zahlreichen alten Fabriken, Werften oder Lagerhäuser im „Oostelijk Havengebied" gammelten bis 1990 vor sich hin, bevor mit Hilfe eines großen Investitionsprogramms eine der interessantesten Wohn- und Arbeitswelten Europas entstand. Geplante Fertigstellung des Komplexes ist etwa 2012. Hier entstanden ganze Wohninseln mit lustigen Namen wie Borneo- oder Java-Island, auf denen futuristische Sozialwohnungsburgen neben venezianisch anmutenden Glasbauhäusern an kleinen Kanälen liegen. Typisch für Amsterdam dabei: Nicht strenge Form und Übereinstimmung bestimmen das Bild dieser modernen, lichtdurchfluteten Glas-, Holz- und Waschbetonlandschaften, sondern eine manchmal leicht chaotisch anmutende Vielfalt der Formen und Farben. Keine Straße sieht aus wie die andere, in einigen Gebieten gleicht kein Neubau dem Nachbarhaus. Vermutlich ist es das, was an Amsterdam so gut gefällt: Hier darf jeder so, wie er möchte – Hauptsache, er gibt sich Mühe, etwas ganz Besonderes zu sein.

Harald Braun
Der Autor lebt bei Hamburg, spielt viel Fußball und schreibt Bücher darüber. In der wenigen freien Zeit, die ihm noch verbleibt, verreist er für „WELT am SONNTAG", „Park Avenue" oder das „ADAC Reisemagazin" und schreibt auf, was er erlebt hat.

Linke Seite: Fahrradparkhaus Centraal Station
Rechte Seite: oben Herengracht, unten links Keizersgracht, unten rechts Singel Bloemenmarkt

Sehenswürdigkeiten

Amsterdam ist die Stadt der Details, an jeder Ecke gibt es etwas zu entdecken. Angefangen bei der Alten Kirche, dem einzigen unversehrt erhaltenen Bauwerk aus dem Mittelalter, bis hin zu den neuesten Bauten der niederländischen Architekturszene können Sie Jahrhunderte von Baugeschichte bewundern. Anfang des 17. Jahrhunderts entstand der Grachtengürtel mit den großen Drei: Heren-, Keizers- und Prinsengracht. Zahlreiche bildhübsche Bauten wurden errichtet, darunter die Patrizierhäuser an der Herengracht. Die Gebäude mit ihren charakteristischen Giebeln fügen sich zu einem beeindruckenden Ganzen zusammen. In der historischen Innenstadt stehen 6800 Bauten unter Denkmalschutz. Das Kanalsystem besteht aus 165 Grachten und erstreckt sich über eine Gesamtlänge von 75 km. Außerdem gibt es sehr sehenswerte moderne Gebäude – zum Beispiel im alten Osthafen. Das groß angelegte experimentelle Projekt IJburg schafft zusätzlichen Wohnraum für die wachsende Stadt. Und auch viele andere neue Baukonstruktionen bilden einen spannenden Kontrast zur Architektur vergangener Jahrhunderte.

Linke Seite: Magere Brug
Rechte Seite: links Westerkerk am Westermarkt, rechts De Waag am Nieuwmarkt

THE JOLLY JOKER
AMSTEL BIER
CAFE DE ZON
AMSTEL BIER

HOT DOG
HOT DOG

Linke Seite: oben Nieuwmarkt, unten Königlicher Palast am Dam
Rechte Seite: oben Hafen bei Nacht, unten Centraal Station

Die Nieuwe Kerk

Dam
Amsterdam
Centrum
Telefon: +31 / 20 / 6 38 69 09
www.nieuwekerk.nl

Öffnungszeiten: täglich 10.00 bis 18.00 Uhr bei Ausstellungen, 30. April, 25. Dez und 1. Jan und während des Umbaus geschlossen
Eintrittspreise: Variieren mit den wechselnden Ausstellungen
Haltestelle: Tram Dam
Stadtplan: Nr. 33

Trotz ihres Namens („Neue Kirche") blickt diese spätgotische Kirche auf eine lange Geschichte zurück: Ab Ende des 14. Jahrhunderts errichtet, wurde sie mehrfach durch Brände beschädigt. Verheerend war vor allem ein Feuer im Jahr 1645, dem die prächtige Innenausstattung zum Opfer fiel. Sie musste komplett erneuert werden. Zeitgleich begann der Bau eines repräsentativen Turms, der aber nie vollendet wurde. Heute ist die Nieuwe Kerk vor allem Schauplatz wechselnder Ausstellungen. Im Mittelpunkt stehen dabei Themen rund um fremde Länder, Kulturen und Religionen. Gottesdienste finden hier nur noch selten statt. Grabmale bedeutender Niederländer und Glasmalereien zur Stadtgeschichte zieren das Innere des Bauwerks. 1980 wurde Königin Beatrix hier gekrönt.

Herengracht 362–394

Herengracht 362–394
Amsterdam
Centrum

Haltestelle: Tram Koningsplein und Spui
Stadtplan: Nr. 19

Die prunkvollsten Grachtenhäuser der Stadt, darunter allein 400 denkmalgeschützte, befinden sich an der Herengracht. Imposante Fassaden und individuelle Giebelformen prägen die Häuserzeile 362–394. Viele dieser Monumente stammen aus dem 17. Jahrhundert und waren ehemals Wohnhäuser reicher Kaufleute. Da die Häuserbreite gesetzlich vorgeschrieben war, konnte man nur in die Höhe bauen und durch Gestaltung der Giebel Akzente setzen. Stuckverzierungen, Skulpturen und Ornamente verraten Reichtum und Liebe zum Detail. Die „Cromhout-Häuser", 1662 für den Kaufmann Jacob Cromhout gebaut, beeindrucken durch barocke Hausgiebel. Erschaffen von Philips Vingboons, beherbergen zwei davon heute das Bijbels Museum (366–368) mit sehenswertem Interieur.

Bijbels Museum

Oude Kerk

Oudekerksplein 23
1012 GX Amsterdam
Centrum
Telefon: +31 / 20 / 6 25 82 84
www.oudekerk.nl
info@oudekerk.nl

Öffnungszeiten: Mo–Sa 11.00 bis 17.00, So 13.00 bis 17.00 Uhr
Eintrittspreise: 5 €, Senioren, Studenten 4 €
Haltestelle: Metro Nieuwmarkt, Bus, Metro, Tram Centraal Station
Stadtplan: Nr. 39
Besondere Hinweise: Turmbesteigung, Kirchführungen

Mitten im Rotlichtviertel steht die älteste Kirche Amsterdams. Mit der Errichtung der 3-schiffigen gotischen Hallenkirche wurde im 13. Jahrhundert begonnen. Die Bauphasen erstreckten sich über insgesamt mehr als drei Jahrhunderte. Angesichts der wachsenden Bevölkerung wurde die ständig vergrößerte und erweiterte Kirche dennoch schnell zu klein. Im Innenraum beeindrucken herrliche Renaissance-Glasfenster sowie die barocke Orgel. Das Glockenspiel des spät entstandenen Kirchturms zählt zu den schönsten des Landes. Inzwischen ein europäisches Kulturdenkmal, finden in der Kirche heute moderne Kunstausstellungen statt. Rembrandts Frau Saskia liegt hier begraben. Zahlreiche Gräber bezeugen, dass hier vor Jahrhunderten bereits Deutsche gelebt haben.

IJburg Besucherzentrum

Ijburglaan 648, 3e etage
Haveneiland West
1087 CE Amsterdam
Telefon: +31 / 20 / 4 68 96 95
www.ijburg.nl

Öffnungszeiten: Mi+Fr 12.00 bis 18.00, Sa+So 11.00 bis 17.00 Uhr
Eintrittspreise: Freier Eintritt
Haltestelle: Tram Vennepluimstraat
Stadtplan: Nr. 24

Amsterdam wächst: Im Osten der Stadt entsteht auf künstlichen Sandinseln das neue Wohnviertel IJburg. Seit dem Jahr 2000 wird gebaut, die Fertigstellung des Stadtteils ist für 2020 vorgesehen. Aufgrund steigender Nachfrage nach Wohnraum beschloss die Stadt in den 90er-Jahren, das Projekt zu realisieren. Erste Entwürfe hierzu gab es bereits 1965. Geplant sind 18 000 Wohnungen auf insgesamt sieben Inseln. Wissenswertes rund um das experimentelle Bauprojekt findet man im Besucherzentrum. Eine Architekturausstellung zeigt die Entwicklung des Projekts, bei dem wie überall in Amsterdam das Thema Wasser eine buchstäblich tragende Rolle spielt. Verbunden mit einer Reservierung sind geführte Touren und Vorträge.

blok 4

Kultur
Museen Galerien Theater Kinos

Kultur prägt Amsterdam: Unzählige Meisterwerke der Kunst sind zu bewundern, vor allem aus der Malerei. Sie können den Spuren Rembrandts und van Goghs sowie anderer großer Künstler folgen. Neben Werken aus dem 17. Jahrhundert – der Glanzzeit holländischer Malerei – sind auch moderne vertreten. Ebenso wird die Geschichte der Stadt und ihrer Menschen an vielen Orten dargestellt. Es gibt über 50 Museen und 140 Kunstgalerien, jährlich finden 16000 Konzerte und Theateraufführungen statt. Aber auch abseits klassischer Pfade birst die Stadt vor Kultur: So wurde die ehemalige Börse in ein kulturelles Zentrum umfunktioniert, in Kirchen finden Ausstellungen statt, Lokale bieten Bühnen für Künstler. Zeitgenössische Kunst, Architektur, Design und Fotografie haben einen wichtigen Stellenwert. Mehr als 12000 Bürger sind im Kunstsektor tätig. So hat Amsterdam kulturell gesehen beides: Ein reiches Gestern sowie ein lebendiges, pulsierendes Heute.

Linke Seite: Architekturmuseum Arcam
Rechte Seite: links Joods Historisch Museum, rechts van Gogh Museum

Linke Seite: oben links Treppenhaus im Concertgebouw, oben rechts Stadsschouwburg, unten Rembrandthuis
Rechte Seite: oben Hausboot Museum, unten Joods Historisch Museum

Beurs van Berlage

Beursplein 1 – Damrak 243
1012 ZJ Amsterdam
Centrum
Telefon: +31 / 20 / 5 30 41 41
www.beursvanberlage.nl

Öffnungszeiten Café: Mo–Sa 10.00 bis 18.00, So 11.00 bis 18.00 Uhr
Haltestelle: Tram Dam, Bus, Metro, Tram Centraal Station
Stadtplan: Nr. 7

WELT-Tipp: Im Haus befindet sich auch ein stimmungsvolles Café, in dem drei Mosaiken des niederländischen Jugendstilkünstlers Jan Toorop zu bewundern sind.

Früher blühte hier der Handel, heute gedeiht die Kultur: Um die Jahrhundertwende für die Stadt gebaut, diente das inzwischen nach seinem Architekten benannte Gebäude ursprünglich als Warenbörse. Später kamen Devisen- und Wertpapiergeschäfte hinzu. Seit 1987 hingegen ist es der Schauplatz einer Vielzahl kultureller Veranstaltungen: So finden hier Events, Ausstellungen und Konferenzen statt. Das Niederländische Philharmonieorchester hat hier seinen Sitz, die Konzerte finden in der Concertgebouw statt. Insbesondere dank des großen Börsensaals zählt das Gebäude zu den 1 000 bedeutendsten Bauwerken der Welt. Ein Teil der Börse dient temporären Ausstellungen.

BEIDT · UW · TYD
BEURSPLEIN

Amsterdams Historisch Museum

Nieuwezijds Voorburgwal 357
1012 RM Amsterdam
Kalverstraat 92
1012 PH Amsterdam
Centrum
Telefon: +31 / 20 / 5 23 18 22
www.ahm.nl

Öffnungszeiten: Mo–Fr 10.00 bis 17.00 Uhr, Sa, So und feiertags 11.00 bis 17.00 Uhr, 1. Jan, 30. April und 25. Dez geschlossen
Eintrittspreise: 7 €, Senioren 5,25 €, Kinder unter 6 Jahren frei, 6 bis 18 Jahre 3,50 €, Gruppen ab 15 Personen 25% Ermäßigung
Haltestelle: Tram Spui und Rokin
Stadtplan: Nr. 2
WELT-Tipp: Guter Startpunkt für eine Besichtigungstour.

Im Herzen der Stadt, direkt an der zentralen Einkaufsstraße Kalverstraat gelegen, führt dieses Museum mit zahlreichen Exponaten in die Stadtgeschichte Amsterdams ein. Videofilme erklären die Entwicklung der Stadt seit ihrer Entstehung Anfang des 13. Jahrhunderts. Seit 1975 in einem ehemaligen Bürger-Waisenhaus untergebracht, beherbergt es 45 000 Objekte in 23 Sälen für die ständige und wechselnde Ausstellungen. 16 großformatige Gemälde von Schützengilden säumen zudem die Schuttersgalerij, durch die Sie auch unabhängig vom Besuch des Museums flanieren können.

Museum Ons' Lieve Heer op Solder

Oudezijds Voorburgwal 40
1012 GE Amsterdam
Centrum
Telefon: +31 / 20 / 6 24 66 04
www.opsolder.nl

Öffnungszeiten: Mo–Sa 10.00 bis 17.00 Uhr, So und feiertags 13.00 bis 17.00 Uhr, 1. Jan und 30. April geschlossen
Eintrittspreise: 7 €, Studenten 5 €
Haltestelle: Bus, Metro, Tram Centraal Station, Tram Dam
Stadtplan: Nr. 32

Auf dem gemeinsamen Dachboden dreier Grachtenhäuser aus dem 17. Jahrhundert befindet sich eine versteckte Kirche mit großem Altar und 150 Sitzplätzen. Sie wurde Ende des 17. Jahrhunderts errichtet, als es Katholiken verboten war, in öffentlichen Räumen Gottesdienste abzuhalten. Das Gebäude samt ehemaliger Kirche ist heute ein Museum, das Ausstellungen zur Geschichte der Amsterdamer Katholiken und zeitgenössische Kunst präsentiert. Über einen Zeitraum von mehr als 200 Jahren erfüllte diese „Geheimkirche" ihren Zweck: Zwar blieb sie nicht geheim, wurde aber weiter geduldet, was typisch ist für die Mentalität dieser Stadt.

Anne Frank Huis

Prinsengracht 267
Amsterdam
Joordan
Telefon: +31 / 20 / 5 56 71 05
www.annefrank.org

Öffnungszeiten: 15.3.–14.9. täglich 9.00 bis 21.00 Uhr, 15.9.–14.3. täglich 9.00 bis 19.00 Uhr, 1. Jan 12.00 bis 19.00 Uhr, 4. Mai 9.00 bis 19.00 Uhr, 20. und 31. Dez. 9.00 bis 17.00 Uhr, 25. Dez. 12.00 bis 17.00 Uhr, an Jom Kippur geschlossen
Eintrittspreise: 7,50 €, 10 bis 17 Jahre 3,50 €, unter 10 Jahren freier Eintritt
Haltestelle: Bus, Tram Westermarkt
Stadtplan: Nr. 3
WELT-Tipp: Um lange Warteschlangen zu umgehen, entweder früh morgens oder im Sommer nach 19 Uhr besuchen.

Das viel besuchte Museum ist fast ebenso bekannt wie Anne Franks Tagebuch. Die Räume des Hinterhauses, das dem jüdischen Mädchen und seiner Familie im Zweiten Weltkrieg als Versteck vor den Nazis diente, beeindrucken und berühren: Zu sehen sind Fotos und persönliche Gegenstände, darunter Bilder von Filmstars, die das Mädchen an den kahlen Wänden anbrachte. Überall finden sich Zitate von Anne Frank, auch ihr Tagebuch ist als Faksimile ausgestellt. Begleitend werden Filme über die Judenverfolgung gezeigt. Eine steile Treppe führt zum Versteck, verborgen hinter einem drehbaren Bücherschrank. 1944 wurde die Familie verraten und nach Bergen-Belsen deportiert. Ihr Vater Otto Frank, der als einziges Mitglied der Familie den Holocaust überlebte, veröffentlichte 1947 ihr Tagebuch.

Hausboot Museum

Prinsengracht 296 K
1016 HW Amsterdam
Centrum
Telefon: +31 / 20 / 4 27 07 50
www.houseboatmuseum.nl

Öffnungszeiten: März–Okt Di–So 11.00 bis 17.00 Uhr, Nov–Feb Fr–So 11.00 bis 17.00 Uhr, 1., 8.–26. Jan, 30. April, 25., 26. und 31. Dez geschlossen
Eintrittspreise: 3,25 €
Haltestelle: Bus, Tram Westermarkt
Stadtplan: Nr. 16

„Hendrika Maria" heißt das original erhaltene Hausboot von 1914, das 1997 zum Museum umfunktioniert wurde. Auf der Prinsengracht gelegen, gewährt es einen guten Einblick in eine beliebte Amsterdamer Wohnform zu Wasser. Neben Wohnzimmer, Bettnische, Kinderspielecke und Küche gehört auch ein Badezimmer zum üppig ausgestatteten Hausboot. Auf 23 m Länge bietet es eine Wohnfläche von 80 m². Es ist nicht mehr bewohnt, aber nach wie vor in bewohnbarem Zustand. Das Boot können Sie auf eigene Faust entdecken: Sie dürfen fotografieren und sich hinsetzen, wo Sie möchten, um zum Beispiel in den ausliegenden Büchern zu blättern. Ergänzend wird eine Diashow gezeigt.

Rembrandthuis

Jodenbreestraat 4
1011 NK Amsterdam
Centrum
Telefon: +31 / 20 / 5 20 04 00
www.rembrandthuis.nl

Öffnungszeiten: täglich 10.00 Uhr bis 17.00 Uhr, 1. Jan geschlossen
Eintrittspreise: 8 €, Studenten 5,50 €
Haltestelle: Metro Nieuwmarkt, Ausgang Hoogstraat, Tram Waterlooplein
Stadtplan: Nr. 45

Rembrandt musste sein Wohnhaus 1658 versteigern lassen, er war bankrott. Heute ist das Gebäude im alten jüdischen Viertel eines der bekanntesten Museen Hollands. Eine in Gold gemalte „1606" – das Baujahr des Hauses – ziert die Vorderseite. Im gleichen Jahr wurde Rembrandt geboren. Viele seiner Werke, darunter die berühmte „Nachtwache", hat er in dem Gebäude geschaffen, in dem er seine Malerwerkstatt mit bis zu 20 Schülern unterhielt. Seit 1911 sind im Museum die meisten seiner Radierungen und drei Kupferstichplatten zu sehen. Einen Einblick in Rembrandts Arbeitsweise bekommt man anhand der ausgestellten Tiefdruckpresse. Die behutsam restaurierten ehemaligen Wohnräume wirken, als wären sie seit dem 17. Jahrhundert nie verändert worden.

EMBRANDT
06
400
2006
17·12 REMBRANDT EN DE ENGELSE ETSKUNST 12·03
01·04 REMBRANDT-ZOEKTOCHT VAN EEN GENIE 02·07
08·07 REMBRANDT, DE ETSER 03·09
16·09 REMBRANDT EN UYLENBURGH, 10·12
HANDEL IN MEESTERWERKEN
atradius
1606

Tuschinski Theater

Reguliersbreestraat 26–34
1017 CN Amsterdam
Centrum
Telefon: 09 00 / 14 58 (35 cpm)
www.tuschinski.nl,
www.pathe.nl

Öffnungszeiten: täglich ab 12.30 Uhr
Eintrittspreise: Ab 4,50 €
Haltestelle: Tram Muntplein
Stadtplan: Nr. 56

WELT-Tipp: Augen aufhalten: Königin Beatrix lässt sich manchmal hier blicken.

Die Goldenen Zwanziger lassen grüßen: Wie ein Märchenschloss wirkt das Monument aus dem Jahre 1921. Namensgebend war Abraham Tuschinski, polnischer Jude mit ausgeprägter Filmleidenschaft und Errichter des prachtvollen Baus. Architektonisch zwischen Jugendstil, Amsterdamer Schule und Art déco angesiedelt, gilt es als eines der schönsten Kinos Hollands, wenn nicht gar der Welt. Nach wie vor finden hier wichtige Filmpremieren statt. Erlesene Kunstgegenstände schmücken das im Jahr 2002 restaurierte Gebäude. Zur prunkvollen Ausstattung zählt ein großer handgeknüpfter Teppich. Der Hauptsaal fasziniert durch Tausende von Lampen, die sich kurz vor Filmbeginn langsam abdunkeln.

1e BALCON
ZAAL 1 3 2

Joods Historisch Museum

Nieuwe Amstelstraat 1
1011 PL Amsterdam
Centrum
Telefon: +31 / 20 / 5 31 03 10
www.jhm.nl

Öffnungszeiten: täglich 11.00 bis 17.00, Do bis 21.00 Uhr, am Jüdischen Neujahrstag und Jom Kippur (Versöhnungstag) geschlossen
Eintrittspreise: 7,50 €
Haltestelle: Metro, Tram Waterlooplein
Stadtplan: Nr. 25

Mit seiner vielseitigen Sammlung befindet sich dieses Museum in vier ehemaligen Synagogen deutschstämmiger Juden aus dem 17. und 18. Jahrhundert. Es gilt als das wichtigste seiner Art außerhalb Israels. Im ehemaligen jüdischen Viertel der Stadt gelegen, konzentriert es sich auf Objekte, die die jüdische Geschichte und Tradition in den Niederlanden und ihren früheren Kolonien darstellen. Dazu zählen viele rituelle Gegenstände, Fotos, historische Dokumente, Bücher, Audio- und Videomaterial. Jüdische Kunst, Unternehmertum und Biografien ausgewählter Persönlichkeiten bilden die neueren Akzente des Museums. Es nennt inzwischen rund 30 000 Objekte, Dokumente und Fotos sein Eigen. Ergänzend gibt es temporäre Ausstellungen. Der neueste Teil des Museums wurde kürzlich für Kinder eröffnet: Die 3-stöckige „Obbene Shul" ist das Heim der jüdischen Familie Hollander, das jeder besuchen darf. Bei einer Führung lässt sich viel über den Alltag des jüdischen Lebens erfahren.

Science Center NEMO

Oosterdok 2
1011 VX Amsterdam
Centrum
Telefon: +31 / 20 / 5 31 32 33
www.e-NEMO.nl

Öffnungszeiten: Di–So 10.00 bis 17.00 Uhr, Juli, Aug und in den Ferien täglich geöffnet, 1. Jan, 30. April und 25. Dez geschlossen
Eintrittspreise: 0 bis 3 Jahre frei, ab 4 Jahren 11,50 €, Gruppenermäßigung (ab 15 Personen) 9 €
Haltestelle: 10 Min bis zur Centraal Station (Bus, Metro und Tram)
Stadtplan: Nr. 48

In diesem futuristischen Wissenschaftszentrum, 1997 von dem renommierten Architekten Renzo Piano entworfen, werden Technik und Wissenschaft spielerisch vermittelt. Mit Hilfe von Multimedia, interaktiven Spielen und naturwissenschaftlichen Experimenten können Sie hier Spannendes lernen und ausprobieren. So werden unter anderem Themen wie das menschliche Gehirn oder die DNA erforscht. Das Museum steht allen Altersgruppen offen, mit besonderem Fokus auf die 6- bis 16-Jährigen. Eine große öffentliche Dachterrasse mit herrlichem Blick auf die Altstadt ist besonders im Sommer ein beliebter Treffpunkt Amsterdams.

2028

Stadsschouwburg

Leidseplein 26
1017 PT Amsterdam
Centrum
Telefon: +31 / 20 / 6 24 23 11
www.ssba.nl

Ticketservice: täglich 10.00 bis 18.00 Uhr, So und feiertags 2 Stunden vor Vorstellungsbeginn
Eintrittspreise: Ab 10 €
Haltestelle: Tram Leidseplein
Stadtplan: Nr. 51

Direkt am Leidseplein, dem beliebtesten Platz der Stadt, befindet sich ein imposanter roter Backsteinbau im Stil der Neorenaissance: das Stadttheater. Vorwiegend werden hier Schauspiele gezeigt, klassische wie moderne. Auf der geschichtsträchtigen Bühne des 1894 errichteten Gebäudes kann man aber auch Opern und Tanzaufführungen sehen. Die königliche Loge betont den herrschaftlichen Charakter des Hauses. Auf seinem Balkon versammeln sich traditionsgemäß die Spieler des Fußballvereins Ajax Amsterdam, um sich nach wichtigen Siegen feiern zu lassen. Im Juni wird das Theater zum Nabel des Holland Festivals – dem seit 60 Jahren stattfindenden größten Festival des Landes rund um die darstellenden Künste. Jedes Jahr im Juli gibt es zudem ein internationales Tanzfestival, „Julidans".

VAN LENNEP

Rijksmuseum

Jan Luijkenstraat 1
1071 ZD Amsterdam
Oud Zuid
Telefon: +31 / 20 / 6 74 70 00
www.rijksmuseum.nl

Öffnungszeiten: täglich 9.00 bis 18.00, Fr 9.00 bis 22.00 Uhr, 1. Jan geschlossen
Eintrittspreise: 10 €, unter 18 Jahren freier Eintritt, 1,50 € Ermäßigung bei Gruppen ab 15 Personen
Haltestelle: Tram Hobbemastraat und Spiegelstraat
Stadtplan: Nr. 47

Mit seinen 187 Sälen und Gängen ist dieses Museum das größte in den Niederlanden. Es beherbergt über 400 kostbare Gemälde aus dem 17. Jahrhundert – dem „Goldenen Zeitalter" des Landes. Diese kann man unter dem Titel „Die Meisterwerke" im Philipsflügel bewundern, das Hauptgebäude wird bis 2009 renoviert. Neben Werken von Jan Vermeer, Jan Steen und Frans Hals finden Sie hier allein 20 Gemälde Rembrandts, darunter die weltberühmte „Nachtwache". Die Sammlung wird durch wechselnde Ausstellungen ergänzt. Der Monumentalbau im Stil der Neugotik geht auf den Kirchenbaumeister Petrus J. H. Cuypers zurück, der auch den Amsterdamer Hauptbahnhof entwarf. Ein weiterer Teil des Rijksmuseums mit Werken der niederländischen Meister aus dem „Goldenen Zeitalter" findet man am Amsterdamer Flughafen Schiphol vor. Es ist das erste Museum seiner Art an einem Flughafen.

Van Gogh Museum

Paulus Potterstraat 7
1070 AJ Amsterdam
Oud Zuid
Telefon: +31 / 20 / 5 70 52 00
www.vangoghmuseum.com

Öffnungszeiten: täglich 10.00 bis 18.00, Fr 10.00 bis 22.00 Uhr, 1. Jan geschlossen
Eintrittspreise: 10 €
Haltestelle: Bus, Tram Van Baerlestraat und Museumplein
Stadtplan: Nr. 57

Dem neben Rembrandt berühmtesten niederländischen Maler ist dieses Museum gewidmet, das seine wichtigsten Werke zeigt. 1973 eröffnet, präsentieren sich darin alle fünf Schaffensperioden des Künstlers: Holland, Paris, Arles, Saint-Rémy, Auvers-sur-Oise. Ob farbenprächtig oder düster, seine Werke bestechen allesamt durch ihre große Intensität. Auf drei Etagen kann man über 200 Gemälde, 550 Zeichnungen und Aquarelle und mehrere Hundert Briefe entdecken. Van Gogh bewunderte viele andere Künstler seiner Zeit. Dem wird Rechnung getragen: Das Museum zeigt auch Werke seiner Zeitgenossen, darunter Gemälde Paul Gauguins sowie eine Sammlung japanischer Zeichnungen.

Het Concertgebouw

Concertgebouwplein 2–6
1071 LN Amsterdam
Oud Zuid
Telefon: +31 / 20 / 6 71 83 45
www.concertgebouw.nl

Spielzeit: Konzerte und Spielplan sind auf der Webseite zu finden
Ticketservice: Telefonisch täglich 10.00 bis 17.00 Uhr, Serviceschalter täglich 10.00 bis 20.15 Uhr
Eintrittspreise: ab 0 € bis 125 €
Haltestelle: Bus, Tram Van Baerlestraat und Museumplein
Stadtplan: Nr. 20

Jährlich finden rund 800 Konzerte in diesem Haus statt, das den Ruf genießt, zu den Konzertsälen mit der weltweit besten Akustik zu gehören. Erstklassige Dirigenten, Orchester und Interpreten treten hier auf. Die gebotene Palette reicht von Klassik und Oper bis hin zu Jazz und Weltmusik. Claude Debussy und Maurice Ravel gastierten hier ebenso wie Louis Armstrong und Ella Fitzgerald. Das Gebäude wurde Ende des 19. Jahrhunderts im neoklassizistischen Stil errichtet und besticht durch seine prachtvolle Fassade. Es beherbergt einen großen und einen kleinen Saal. Im großen Saal finden knapp 2 000 Personen Platz. Kostenlose Mittagskonzerte laden mittwochs zum akustischen Genuss ein.

RAVEL
REGER
MAHLER

Gastronomie
Restaurants Cafés Bars Clubs

Mehr als die holländische prägen Küchen aus aller Welt Amsterdams kulinarische Landschaft. Als Spezialität gelten surinamische Speisen mit Einflüssen unter anderem aus Asien, Afrika und Südamerika, ein Erbe der Kolonialzeit Hollands. Typisch sind außerdem die Straßencafés und die „Bruin Cafés", gemütliche Kneipen mit dunkler Holzvertäfelung. Meist bieten sie einfache Speisen an und sind Orte des Austausches: Sie kommen mit den Einheimischen leicht ins Gespräch, Ausgehen wird als kommunikativer Akt gesehen. Aber auch Lokale mit gehobener Küche treten oft erfrischend ungezwungen auf. In Amsterdam gibt es knapp 800 Restaurants sowie 1400 Cafés und Bars. Manche Lokale dienen zusätzlich als Plattform für Künstler. Das Ambiente spielt oft eine ebenso wichtige Rolle wie das Essen selbst: Ausgeklügeltes Design und originelle Raumgestaltung machen den Besuch zum Erlebnis. Viele Lokale verwandeln sich abends in Clubs oder haben gesonderte Bar- und Club-Bereiche. Da eher früh am Abend gegessen wird, sind die Küchen der meisten Restaurants nur bis ca. 22 Uhr geöffnet.

Linke Seite: Fifteen
Rechte Seite: Arc Bar, Eleven

Supperclub Amsterdam

Jonge Roelensteeg 21
1012 PL Amsterdam
Centrum
Telefon: +31 / 20 / 3 44 64 00
www.supperclub.com

Öffnungszeiten: So–Do 19.00 bis 1.00, Fr+Sa 19.00 bis 4.00 Uhr
Preise: 5-Gänge-Überraschungsmenü 65 €
Küche: International
Haltestelle: Tram Dam
Stadtplan: Nr. 53

WELT-Tipp: Unbedingt telefonisch oder per E-Mail reservieren, am besten drei Wochen im Voraus.

Ungewöhnlich ist das von zahlreichen Freidenkern und Künstlern geprägte Lokal, das ein Restaurant und einen Club beherbergt. An diesem Ort können Sie Spaß haben, essen und tanzen. Es findet so manche Performance statt, sogar Massagen bekommt man angeboten. Im Restaurant, das ganz in Weiß gehalten ist, können Sie das Essen auf Wunsch im Liegen genießen. Es gibt keine Speisekarte, stattdessen werden Überraschungsmenüs mit mehreren Gängen angeboten, ergänzt durch eine breite Auswahl an Weinen. Die Küche ist international orientiert und experimentierfreudig. Das Supperclub-Konzept hat sich bewährt, inzwischen gibt es verschiedene internationale Ableger.

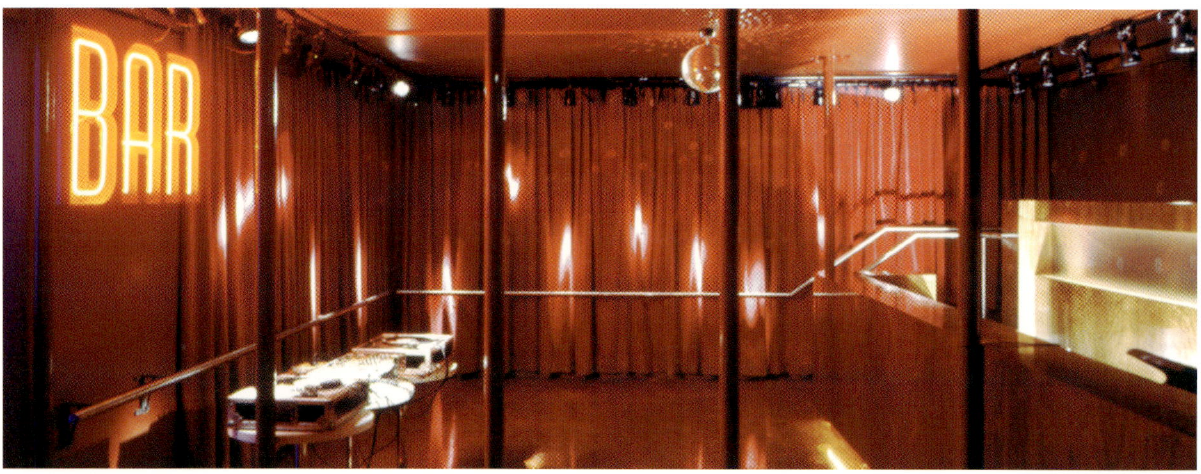

Brasserie Harkema

Nes 67
1012 KD Amsterdam
Centrum
Telefon: +31 / 20 / 4 28 22 22
www.brasserieharkema.nl

Öffnungszeiten: täglich 11.00 bis 1.00 Uhr
Preise: Durchschnittspreis Menü 25 €, Hauptgericht 15 €
Küche: Modern, Europäisch
Haltestelle: Tram Spui
Stadtplan: Nr. 8

In Anlehnung an Pariser Brasserien wurde 2003 dieses Lokal errichtet. Es ist modern und dezent dekoriert, weit über 200 Gäste finden in ihm Platz. Hohe Decken und Holzböden sorgen für eine angenehme Atmosphäre. Gruppen können sich in einen separaten Bereich zurückziehen. Je nach Jahreszeit werden verschiedene Menüs angeboten. Tagsüber gibt es Salate, Suppen, Sandwichs, ein paar Hauptgerichte und Süßes. Abends stehen klassische, unkomplizierte Gerichte im Vordergrund. Eine breite Auswahl an Weinen rundet das Angebot ab. Durch einen transparenten Vorhang ist die Bar vom Restaurant-Bereich getrennt. Der Name der Brasserie geht auf den Tabakhandel Harkema zurück, der hier bis 2001 seinen Sitz hatte.

Werck

Prinsengracht 277
1016 GW Amsterdam
Centrum
Telefon: +31 / 20 / 6 27 40 79
www.werck.nl

Öffnungszeiten: Mo–Do 11.00 bis 1.00, Fr–Sa 11.00 bis 3.00 Uhr, So geschlossen, außer im März 11.00 bis 20.00 Uhr
Preise: Durchschnittspreis Hauptgericht 20 €
Küche: International
Haltestelle: Bus, Tram Westermarkt
Stadtplan: Nr. 60

Zwischen dem Anne Frank Huis und der Westerkerk trifft man auf diese angenehme Adresse. Der Name kommt vom Jordaan-Viertel, das um 1920 „Het Nieuwe Werck" hieß. Im Restaurant befinden sich 50 Sitzplätze, im Bar-Bereich sogar 200. Außerdem gibt es eine Dachterrasse sowie eine zweite große Terrasse. Mittags werden Kleinigkeiten angeboten, abends gibt es eine breite Auswahl an Gerichten. Das Interieur ist in warmen Naturtönen gehalten, überall sorgen Kerzen für eine entspannte Stimmung. In der Raum einnehmenden Bar wird die Flaschen-Kollektion elegant von hinten angeleuchtet. Durch eine große Tür kann man direkt in die Küche schauen. Abends sorgen DJs mit Funk, Soul, Salsa und Oldies für Club-Atmosphäre.

TAPAS & HAPPAS

Odeon

Singel 460
1017 AW Amsterdam
Centrum
Telefon: +31 / 20 / 5 21 85 55
www.odeontheater.nl

Öffnungszeiten: täglich 11.00 bis 1.00 Uhr, Nachtclub Fr+Sa 23.00 bis 5.00 Uhr
Preise: Durchschnittspreis Hauptgericht 35 €, Sandwichs ab 6 €
Küche: International
Haltestelle: Tram Koningsplein
Stadtplan: Nr. 38

Das Odeon blickt auf eine wechselvolle Geschichte zurück: Ursprünglich als Brauerei im 17. Jahrhundert errichtet, beherbergte das Gebäude in den Jahren ab 1838 die erste Konzerthalle Amsterdams. Später folgten Phasen als Kino, Auktionshaus, Diskothek und Treffpunkt für Events. Ein Brand zerstörte 1990 große Teile des Interieurs. Nach kompletter Renovierung im Jahr 2005 wiedereröffnet, befinden sich in den wirkungsvollen Räumen nun ein Café, eine Bar, ein Restaurant und – in der alten Konzerthalle – ein angesagter Club. Dieser ist ein beliebter Treffpunkt für Stars und Models. Im eleganten Restaurant bekommt man Gerichte à la carte. Der Bloemenmarkt ist nur einen Katzensprung entfernt.

Nomads

Rozengracht 133
1016 LV Amsterdam
Jordaan
Telefon: +31 / 20 / 3 44 64 01
www.restaurantnomads.nl

Öffnungszeiten: Di–Do und So 19.00 bis 1.00, Fr–Sa 19.00 bis 3.00 Uhr, Mo geschlossen
Preise: 3-Gänge-Menü 39,50 €
Küche: Arabisch
Haltestelle: Bus, Tram Rozengracht und Marnixstraat
Stadtplan: Nr. 37

Das 2001 eröffnete Restaurant bietet arabische Küche mit westlichen Einflüssen. Beim Betreten durch die große Kupfertür wähnt man sich in Tausendundeiner Nacht: Kelims, Mosaikböden, Kupfergegenstände und prächtige Lampen zieren die Räume. Es handelt sich dabei um handgemachte Unikate. Ein jahrhundertealtes Gedicht schmückt die Wand. Die Küche, die viel mit marokkanischen Gewürzen arbeitet, bietet kleine Gerichte an, ergänzt durch Desserts. In der Bar erhalten Sie eine breite Auswahl an Weinen und Cocktails. Im Hintergrund erklingt westlich beeinflusste arabische Musik, regelmäßig finden Bauchtanzaufführungen statt.

Herengracht

Herengracht 435
1017 BR Amsterdam
Centrum
Telefon: +31 / 20 / 6 16 24 82
www.deherengracht.nl

Öffnungszeiten: täglich So–Do 11.00 bis 1.00, Fr–Sa 11.00 bis 3.00 Uhr
Preise: Durchschnittspreis Mittagsmenü 14 €
Küche: International
Haltestelle: Tram Koningsplein
Stadtplan: Nr. 18

Direkt an der Herengracht gelegen, finden sich hier Restaurant, Bar und Kunstgalerie unter einem Dach. Das Lokal ist farbenfroh gestaltet, mit gestreiften Wänden sowie einer Backsteinwand mit Portraits. Diverse Künstler stellen hier ihre Werke aus. Als Restaurant dient die obere Ebene. Es gibt viele nette Ecken mit Sitzgelegenheiten, die Beleuchtung ist angenehm. Geboten wird moderne niederländische Küche mit japanischen und italienischen Einflüssen. Abends kann es hier recht voll werden, das Publikum ist eine Mischung aus Einheimischen und Touristen. Bei gutem Wetter können Sie vor dem Lokal den Blick auf die Gracht genießen oder hinten in einem hübschen Garten sitzen.

Arc

Reguliersdwarsstraat 44
1017 BM Amsterdam
Centrum
Telefon: +31 / 20 / 6 89 70 70
www.bararc.com

Öffnungszeiten: So–Do 16.00 bis 1.00, Fr–Sa 16.00 bis 3.00 Uhr, Küche 16.00 bis 23.00 Uhr
Preise: Durchschnittspreis Abendmenü 20 €
Küche: International, Fingerfood
Haltestelle: Tram Koningsplein
Stadtplan: Nr. 4

Im Juni 2002 mitten in der Altstadt eröffnet, hat sich diese edle Bar rasch zu einem beliebten Treffpunkt für ein breit gefächertes Publikum entwickelt. Das Design ist modern und teilweise futuristisch: So finden sich im Bar-Bereich Neonröhren mit hellblauem Licht. Holzsäulen teilen den Raum, gemütliche Sofas schaffen eine einladende Atmosphäre. Auf einer großen Leinwand läuft „Fashion TV". Auch gegen den kleinen Hunger wird etwas geboten: Als eine der ersten Cocktailbars Amsterdams hat man hier Fingerfood ins Programm genommen. So können Sie aus einer breiten Palette kleiner Speisen wählen. Bei den Cocktails gibt es neben Klassikern auch exotischere Varianten. In dem vor allem spät abends gut besuchten Lokal legen verschiedene DJs auf.

Envy

Prinsengracht 381
1016 HJ Amsterdam
Centrum
Telefon: +31 / 20 / 3 44 64 07
www.envy.nl

Öffnungszeiten: Mi–So 12.00 bis 16.00, Di–Do und So 18.00 bis 1.00, Fr–Sa 18.00 bis 3.00 Uhr, Mo geschlossen
Preise: 5-Gänge-Menü 55 €, Durchschnittspreis Hauptgericht 21 €
Küche: International, von Michelin mit dem „Bib Gourmand" ausgezeichnet
Haltestelle: Tram Raamplein
Stadtplan: Nr. 13
WELT-Tipp: Als Nachtisch die hausgemachten Choco Lollies probieren.

Am Rande der Nine Little Streets in der Altstadt befindet sich dieses Lokal. Nach Betreten eines langen, schmalen Raums kommen Sie als erstes an der offenen Küche vorbei. Die Einrichtung ist modern und minimalistisch, die Beleuchtung gedämpft. Sie können hier kleine Gerichte der gehobenen Kategorie genießen, ergänzt durch eine Auswahl guter Weine. Nur einen Happen zu kosten ist ebenso möglich wie sich ein komplettes Mahl zusammenzustellen. Italienische Esskultur bestimmt das Angebot. Produkte wie Weine, Käse und Wurst sind entlang einer Wand in 26 Kühlschränken ausgestellt. Die Grundidee ist – ähnlich wie in Feinkostläden –, Gästen ein unmittelbares Bild von den exquisiten Produkten zu vermitteln.

Rain Restaurant Bar & Club

Rembrandtplein 44
1017 CV Amsterdam
Centrum
Telefon: +31 / 20 / 6 26 70 78
www.rain-amsterdam.com

Öffnungszeiten: täglich 18.00 bis 23.00 Uhr, Bar So–Mi 18.00 bis 1.00, Do 18.00 bis 2.00, Fr–Sa 18.00 bis 3.00 Uhr, Terrasse April–Sept geöffnet
Preise: Durchschnittspreis Hauptgericht 20 €
Küche: International, Asiatisch, Europäisch
Haltestelle: Tram Rembrandtplein
Stadtplan: Nr. 44

Am Rembrandtplein gelegen, verspricht dieses Lokal ein Fest für alle Sinne. Sein Name geht auf die erfrischenden und sinnlichen Eigenschaften von Regen zurück. Durch einen gläsernen Tunnel gelangen Sie in originell gestaltete Räumlichkeiten. Der Bar-Bereich wird spätabends zur Tanzfläche. In einer gemütlichen Ecke haben Sie die Möglichkeit, kleinere Häppchen zu essen oder vom Menü zu wählen. Der Hauptraum des Restaurants befindet sich im ersten Stock. Separat dazu gibt es einen intimen Raum, in dem Sie spezielle Menükreationen geboten bekommen und Musik nach eigenem Geschmack auswählen können. Die Küche ist modern mit globalen Einflüssen. Sogar das Brot ist hier selbst gebacken.

Noa Noodles of Asia

Leidsegracht 84
1016 CR Amsterdam
Centrum
Telefon: +31 / 20 / 6 26 08 02
www.tao-group.nl

Öffnungszeiten: Di, Mi und So 18.00 bis 24.00, Do–Sa 18.00 bis 1.00 Uhr, Mo geschlossen
Preise: Gerichte ab 9, 50 €, Durchschnittspreis 15 €
Küche: Asiatisch, Italienisch
Haltestelle: Tram Leidseplein
Stadtplan: Nr. 36

Am Stil einer New Yorker Lounge orientiert, wurde dieses Lokal im Mai 2000 an der Leidsegracht eröffnet. Es handelt sich um eine Kombination aus Bar und Restaurant. So wird eine breite Palette an klassischen Cocktails angeboten, das Essen ist unkompliziert, aber gut. Mehrfach im Jahr wechselt das Menü. Die Vorspeisen sind orientalisch angehaucht, weiterhin gibt es eine Auswahl italienischer und asiatischer Nudelgerichte. Beliebt ist das Noa vor allem bei Medienleuten sowie Kunst- und Kulturschaffenden. Es ist in warmen Tönen gehalten und freundlich eingerichtet, eine beeindruckende Glaswand ziert das Interieur. Zu den dekorativen Details gehören außerdem ein Kamin sowie eine Skulptur am Eingang.

Suzy Wong Lounge

Korte Leidsedwarsstraat 45
1017 PW Amsterdam
Centrum
Telefon: +31 / 20 / 6 26 67 69
www.tao-group.nl

Öffnungszeiten: So, Di und Mi 18.00 bis 1.00, Do 18.00 bis 2.00, Fr+Sa 18.00 bis 3.00 Uhr, Mo geschlossen
Preise: Cocktails ab 7 €
Küche: Cocktails, Essen auf Bestellung aus dem daneben liegendem Vuong
Haltestelle: Tram Leidseplein
Stadtplan: Nr. 54

Im August 2002 eröffnet, strahlt diese Lounge etwas Glamouröses aus. Die Einrichtung kombiniert verschiedene Stilrichtungen miteinander, von modern-amerikanisch bis orientalisch und klassisch-französisch. Es entsteht der Eindruck einer Filmkulisse. Sie finden hier Exotisches wie antike chinesische Lampen ebenso wie eine Glaswand mit echten Bambuspflanzen dahinter. Französischer Damast ist großzügig eingesetzt, Fotografien in Bilderrahmen zieren die Wände. Es werden kleinere Speisen wie Salate, Burger und Frühlingsrollen angeboten, aber der Bar-Charakter steht im Vordergrund. Musikalisch liegt ein Schwerpunkt auf Soul-Klängen.

Eleven

Oosterdokskade 3–5
1011 AD Amsterdam
Centrum
Telefon: +31 / 20 / 6 25 59 99
www.ilove11.nl

Öffnungszeiten: So–Do 11.00 bis 24.00, Fr–Sa 11.00 bis 4.00 Uhr
Preise: Durchschnittspreis Mittagessen 7 €, 3-Gänge-Menü 29,50 €
Küche: International
Haltestelle: Bus, Metro, Tram Centraal Station
Stadtplan: Nr. 12

Dieses Lokal ist eine Mischung aus Restaurant, Bar, Club und Plattform für Kunst. So finden hier Modenschauen und künstlerische Vorträge statt und auf zahlreichen Bildschirmen laufen die Arbeiten von Videokünstlern. Auf eine entspannte Atmosphäre wird Wert gelegt. In einem rauen Industriegebäude angesiedelt, ist Eleven von Einfachheit im Design geprägt. Es wurde ein Ort geschaffen, der den ursprünglichen Charakter des Gebäudes unterstützt. Mittags können Sie Salate, Suppen, Sandwichs sowie Backwaren genießen. Abends wird ein Vier-Gang-Menü angeboten, die Küche wird durch mediterrane und nordafrikanische Einflüsse bestimmt. Bei Clubnächten wird elektronische Musik gespielt.

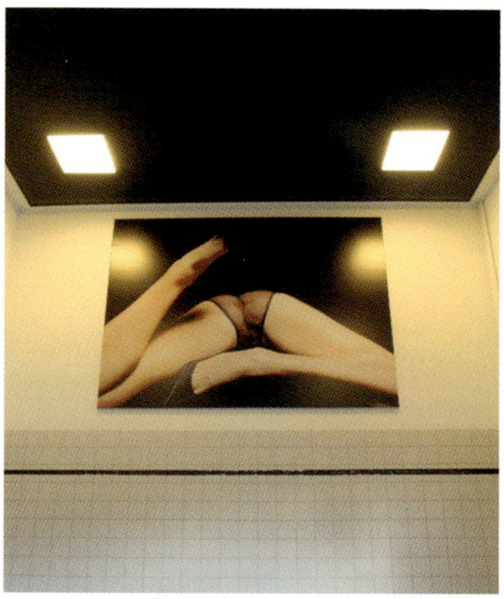

Panama*

Oostelijke Handelskade 4
1019 BM Amsterdam
Ostelijke Inseln
Telefon: +31 / 20 / 3 11 86 86
www.panama.nl

Öffnungszeiten: täglich 12.00 bis 1.00 Uhr
Preise: Durchschnittspreis Abendmenü 32 €
Küche: Modern
Haltestelle: Tram Rietlandpark
Stadtplan: Nr. 40

Ende März 2001 im alten Hafengebiet Amsterdams eröffnet, verbindet Panama* einen angesagten Nachtclub mit einem Café-Restaurant. Dieser moderne, von Industrie geprägte Teil der Stadt wird auch „Manhattan von Amsterdam" genannt. In einem imposanten alten Industriegebäude zu Hause, strahlt das Lokal einen eigenwilligen Charme aus. In lauen Sommernächten können Sie auch auf der Terrasse sitzen. Der Nachtclub zählt zu den begehrtesten der Stadt und ist über die nationalen Grenzen hinaus bekannt für seine Live-Musik und Performances. Namhafte DJs aus aller Welt legen hier auf. Das schicke Restaurant bietet mittags und abends eine breite Auswahl an Gerichten. Weinkarte und Cocktails runden das Angebot ab.

Mirage
Mirage

Fifteen

Pakhuis Amsterdam
Jollemanhof 9
1019 GW Amsterdam
Ostelijke Inseln
Telefon: +31 / 10 / 7 11 15 67
www.fifteen.nl

Öffnungszeiten: Mittag Mo–Sa ab 12.00, Restaurant 18.00 bis 23.00 Uhr, Lazy late Sunday 15.00 bis 20.00, Trattoria Mo–Sa 17.30 bis 23.00 Uhr
Preise: 4-Gänge-Menü 46 €
Küche: Modern, Italienisch
Haltestelle: Tram Kattenburgerstraat
Stadtplan: Nr. 14

Nach dem Vorbild von Jamie Olivers Fifteen in London aufgebaut, ist dieses Restaurant gleichzeitig ein soziales Projekt. Im Dezember 2004 eingeweiht, bekommen hier gesellschaftlich benachteiligte junge Menschen die Chance, das Kochhandwerk zu erlernen. Mehr als 200 Gäste finden hier Platz, trotz der Größe wird aber Wert auf eine intime Atmosphäre gelegt. Das Ambiente ist leger, mit Graffiti an den Wänden. Die Gäste bekommen ein Vier-Gang-Menü serviert, auf Wunsch mit Weinbegleitung. Gekocht wird moderne italienische Küche. In den Räumlichkeiten befinden sich außerdem eine Trattoria sowie eine Lounge mit gemütlichen Sesseln.

Restaurant de Kas

Kamerlingh Onneslaan 3
1097 DE Amsterdam
Watergraafsmeer
Telefon: +31 / 20 / 4 62 45 62
www.restaurantdekas.nl

Öffnungszeiten: Mo–Fr 12.00 bis 14.00, Mo–Sa 18.30 bis 22.00 Uhr, So geschlossen
Preise: Durchschnittspreis Mittagessen 35 €, Abendessen 47,50 €
Küche: Mediterran, International
Haltestelle: Bus, Tram Hogeweg
Stadtplan: Nr. 46

In idyllischem Ambiente wurde ein besonderes Restaurant geschaffen: Von Gemüse und Kräutern umgeben, ist es im ehemaligen Gebäude des städtischen Gewächshauses angesiedelt. Dieses war vom Abriss bedroht, als Küchenchef Gert Jan Hageman, ein ehemaliger Sternekoch, beschloss, hier ein Restaurant aufzubauen. Die Gerichte basieren auf der frischen Ernte des Tages, kombiniert mit Fisch und Fleisch. Die wöchentlich wechselnde Weinkarte umfasst 40 Positionen. Sie können auch einen Tisch in der Küche reservieren, dort ein spezielles Menü genießen und den Köchen bei der Arbeit zusehen. In dem 8 m hohen, lichtdurchfluteten Glasgebäude lässt sich herrlich mit Blick in die Natur speisen.

Einkaufen

MAGNA PLAZA
MAGNA PLAZA
SHOPPING
CENTER
MAGNA PLAZA
7 Dagen per week
Open tot 19.00 uur
Donderdag tot 21.00 uur

Die Shoppingszene Amsterdams ist vielseitig wie die Stadt selbst: So gibt es neben großen Geschäften und Zentren mit einem klassischen Angebot vor allem in den gemütlichen Gassen viele kleine Läden, die Spezielles, Kurioses und Antikes anbieten. Bunte Märkte bereichern das Angebot. Am Nieuwendijk und in der Kalverstraat befindet sich eine Einkaufsmeile mit zahlreichen Shops. Schuhfans sollten die Leidsestraat aufsuchen. Wer Wert auf Luxus und Designermarken legt, ist in der noblen P.C. Hooftstraat gut aufgehoben. Und die Einkaufspassage im ehemaligen Gebäude der Hauptpost strahlt ein einmaliges Flair aus. Verspielt geht es vor allem in den Nine Little Streets zu, ein schmuckes kleines Geschäft reiht sich hier an das nächste. Auch die Auswahl an Möbeln und Einrichtungsgegenständen kann sich sehen lassen: Neben einer riesigen Mall im Südosten gibt es viele originelle Läden auf der KNSM-Insel und im Jordaan-Viertel. Wer ungewöhnliche Lampen sucht, wird hier fündig. In Amsterdam finden Sie aber manchmal auch Dinge, von denen Sie gar nicht wussten, dass es sie gibt.

Linke Seite: Magna Plaza
Rechte Seite: links Laden in der Herengracht, rechts Laden in den Nine Little Streets

Magna Plaza

Nieuwezijds Voorburgwal 182
1012 SJ Amsterdam
Centrum
Telefon: +31 / 20 / 6 26 91 99
www.magnaplaza.nl

Öffnungszeiten: Mo 11.00 bis 19.00, Di–Sa 10.00 bis 19.00, So 12.00 bis 19.00, langer Do bis 21.00 Uhr
Produkte: Mode, Schmuck, Kosmetik, Medien; Restaurants
Haltestelle: Tram Dam und Voorburgwal
Stadtplan: Nr. 30

Man nehme das ehemalige Gebäude der Hauptpost aus der Zeit der Jahrhundertwende, bringe darin 40 Geschäfte und zwei Restaurants unter, und fertig ist ein Einkaufszentrum der besonderen Art. In den 90er-Jahren entstanden, besticht das Magna Plaza vor allem durch sein prächtiges Ambiente: Ein lichtdurchfluteter Schauplatz gigantischen Ausmaßes, gebaut im neogotischen Stil. Der Bau wurde 1992 zu einem der wertvollsten zehn Monumente der Stadt ernannt. Über vier Stockwerke verteilt, findet man hier unter anderem Mode, Schmuck, Kosmetik und Musikartikel. Das Magna Plaza lädt an sieben Tagen in der Woche zum Bummeln ein, ist ein angenehmer Zufluchtsort bei Regen und begeistert Shopping-Fans ebenso wie architektonisch Interessierte.

Nine Little Streets Area

Wijde Heisteeg, Huidenstraat, Runstraat, Oude Spiegelstraat, Wolvenstraat, Berenstraat, Gasthuismolensteeg, Hartenstraat, Reestraat
Centrum
www.theninestreets.com

Produkte: Secondhand, Designerware, Antiquitäten, Mode, Einrichtungsaccessoires
Haltestelle: Tram Spui
Stadtplan: Nr. 34

An einem hübschen Fleckchen Erde im westlichen Grachtengürtel verlaufen zwischen den großen Grachten neun Gassen, die eins gemeinsam haben: Sie bilden das Zuhause für kleine Läden – so genannte „Winkel“ – mit dem gewissen Etwas. Man findet hier Antiquitäten, Skurriles, Secondhand und junge Designermode. Die Umgebung beeindruckt mit Gebäuden aus dem 17. Jahrhundert, dem „Goldenen Zeitalter Hollands“. Damalige Kunsthandwerker aus dem Lederhandwerk standen Pate für die Namen der Gassen. Seit jeher bildeten Handel und Kultur den Schwerpunkt in dieser Ecke der Stadt. Kunstgalerien und Cafés laden zum Verweilen ein. Auch ohne Shopping-Ambitionen sehr sehenswert, dieses hübsche Fleckchen Amsterdam.

LAURA DOLS
FIETSEN
BIJ DE

Puccini Bomboni

Singel 184
1016 AA Amsterdam
Centrum
Telefon: +31 / 20 / 4 27 83 41
www.puccinibomboni.com

Öffnungszeiten: Mo 12.00 bis 18.00, Di–Sa 11.00 bis 18.00, So 12.00 bis 17.00 Uhr
Produkte: Schokolade, Wein, Pralinen
Haltestelle: Tram Dam
Stadtplan: Nr. 42

WELT-Tipp: Ein weiterer Schokoladenladen befindet sich in der Staalstraat 17.

Eine Augenweide sind die stimmungsvollen Schokoladen-Läden an der Singel und in der Staalstraat. Auf großen Holztischen werden selbstgemachte Pralinen vom Feinsten präsentiert. Witzige Kronleuchter schaffen eine nette Atmosphäre in der ansonsten eher spartanischen Einrichtung. Kein Schnickschnack, der hier vom Hauptakteur Schokolade ablenkt. Die 36 Pralinen-Kreationen werden ausschließlich nach Rezepturen des Hauses hergestellt. Dabei werden durchweg hochwertige Naturzutaten verwendet, die Produkte sind frei von Zusatzstoffen. Klassiker wie Mandel, Walnuss, Amaretto werden ebenso angeboten wie exotischere Kreationen, darunter Pralinen mit Pfeffer oder Rhabarber. Die „Speise der Götter", ästhetisch präsentiert.

puccini
bomboni
pruim
rabarber
tym

Singel Bloemenmarkt

Koningsplein, Singel
Amsterdam
Centrum

Öffnungszeiten: Mo–So 9.00 bis 17.00 Uhr
Produkte: Blumen, Samen
Haltestelle: Tram Koningsplein
Stadtplan: Nr. 50

Immer der Nase nach: Verführerische Düfte weisen den Weg zum „schwimmenden Blumenmarkt“ an der Singel. Er befindet sich direkt auf dem Wasser. Die Stände der Händler sind auf 15 Lastkähnen untergebracht, die sich im Kanal aneinander reihen. Eine Tradition aus früheren Zeiten, als Blumen aus ländlichen Gegenden noch in die Stadt geschifft wurden. Neben den berühmten holländischen Tulpen wird eine breite Palette angeboten: Sie reicht von Sonnenblumen, Geranien über Orchideen bis hin zu noch exotischeren Blumen und Pflanzen aus aller Welt. Der Mix aus intensiven Farben ist eine Augenweide. Auch Pflanzgut können Sie hier bekommen und mit nach Hause nehmen: Eine im wahrsten Sinne des Wortes blühende Erinnerung.

1 voor € 1,75
5 voor € 7,50
10 voor € 10,-
100
Botanische

De Looier Kunst & Antiekcentrum

Elandsgracht 109
1016 TT Amsterdam
Jordaan
Telefon: +31 / 20 / 6 24 90 38
www.looier.nl

Öffnungszeiten: Sa–Do 11.00 bis 17.00 Uhr, Fr geschlossen
Produkte: Antiquitäten, Trödel, Schmuck
Haltestelle: Bus, Tram Elandsgracht
Stadtplan: Nr. 10

Seit 30 Jahren eine Institution im Jordaan-Viertel, erstreckt sich dieses Antikzentrum über eine Fläche von rund 1750 m². 72 Stände, einige größere Geschäfte und 90 Vitrinen befinden sich hier. Man kann eine breite Palette an Kunst- und Antikgegenständen entdecken, darunter Bücher, Jugendstilschmuck, Art-déco-Objekte, Bilder, Möbel, Puppen und Blechspielzeug. Kleinhändler und Privatverkäufer nutzen einen großen überdachten Markt in den Innenhöfen. Mittwochs und an Wochenenden werden hier Antikes, Sammlerstücke und Kuriositäten feilgeboten. Das Zentrum empfiehlt eine frühzeitige Anreise, da begehrte Stücke meist rasch verkauft sind. Fürs leibliche Wohl sorgt die Brasserie im Haus.

Kitsch Kitchen

Rozengracht 8–12
1016 NB Amsterdam
Centrum
Telefon: +31 / 20 / 6 22 82 61
www.kitschkitchen.nl

Öffnungszeiten: Mo–Sa 10.00 bis 18.00 Uhr, So und feiertags geschlossen
Produkte: Kunst, Kitsch, Haushaltswaren, Deko-Artikel, Taschen, Bücher
Haltestelle: Tram Westertoren
Stadtplan: Nr. 26

1994 mit wenigen Produkten auf dem Amsterdamer Noordermarkt gestartet, entstanden im Laufe der Jahre zwei Shops, die 2003 zum „Kitsch Kitchen Supermercado“ zusammengeführt wurden. Schrill, fröhlich und bunt präsentiert sich der Laden heute in der Rozengracht. So auch seine Produkte: Man findet blumige Muster und poppige Designs in teils wild kombinierten Farben. Wie in einem Gemischtwarenladen reicht die Palette von Küchenbedarf über Einrichtungssachen, Taschen, Plastikblumen bis hin zu Spielzeug und allerlei Schnickschnack. Blech und Plastik sind bevorzugte Materialien. Ein wunderbarer Ort zum Stöbern. Ob Sie nun fündig werden oder nicht, Sie verlassen den Laden in jedem Fall gut gelaunt.

CALIDAD
A SU
ALCANCE
COCINA

Mac Bike

Mr. Visserplein 2
1011 RD Amsterdam
Centrum
Telefon: +31 / 20 / 6 20 09 85
www.macbike.nl

Öffnungszeiten: täglich 9.00 bis 17.45 Uhr
Produkte: Fahrradverleih, Fahrradreparatur
Haltestelle: Metro, Tram Waterlooplein
Stadtplan: Nr. 29

Weitere Filialen (gleiche Öffnungszeiten): Weteringsschans 2–4 (Bus und Tram Nähe Leidseplein), Stationsplein 12 (Bus, Metro und Tram Centraal Station)

1988 als Reparaturwerkstatt in der letzten Fahrradfabrik Amsterdams eröffnet, bietet Mac Bike heute alles rund ums Rad. Fahrräder werden vermietet, verkauft und repariert. Käufer erhalten auf Wunsch auch maßgeschneiderte Räder, zum Beispiel mit speziellem Rahmen. Auch Ersatzteile, Zubehör, Souvenirs und Accessoires gibt es. Mieten können Sie ein Rad bereits ab 4,25 Euro pro Tag, größere Gruppen erhalten Ermäßigungen. An Kinder ist ebenso gedacht: Vermietet werden auch Kinderräder und -sitze. Eine nette Alternative, um die Stadt zu erkunden. Routen empfiehlt man hier gerne.

AMSTERDAM
Mac Bike
BIKE RENTALS

Supermarkt

Rozengracht 191–193
1016 LZ Amsterdam
Jordaan
Telefon: +31 / 20 / 3 30 56 01
www.sprmrkt.nl

Öffnungszeiten: Di–Sa 10.00 bis 18.00, Mo+So 12.00 bis 18.00 Uhr
Produkte: Kleidung, Accessoires, Möbel, Bücher
Haltestelle: Bus, Tram Rozengracht und Marnixstraat
Stadtplan: Nr. 52

In einem früheren Supermarkt zu Hause, verkaufte der 2003 gegründete Laden anfangs vor allem Möbel. Später kamen unter anderem Kleidung, Accessoires und Lampen hinzu. Der Akzent liegt auf Designerware, Sie finden hier vieles aus den 60er- und 70er-Jahren. So ist der dänische Designer Arne Jacobsen mit Kreationen wie Sofas oder Stühlen vertreten. Im Hintergrund erklingen die neusten Musikalben, die man hier ebenfalls kaufen kann. Es herrscht eine einladende Atmosphäre – Sie bekommen Kaffee, Tee und Wasser angeboten. Gelegentliche Ausstellungen zu Kunst und Fotografie bereichern das Angebot. Ein Kultladen, vor allem für Mode- und Designenthusiasten.

Albert Cuypmarkt

Albert Cuypstraat
Amsterdam
De Pijp
Telefon: +31 / 20 / 6 93 71 17
www.albertcuypmarkt.com

Öffnungszeiten: Mo–Sa 9.30 bis 17.00 Uhr
Produkte: Multikultureller Trödelmarkt, Lebensmittel, Blumen, Accessoires, Fahrräder, Kleidung
Haltestelle: Tram Albert Cuypstraat und Stadhouderskade
Stadtplan: Nr. 1

Welkom im Schlaraffenland: Auf diesem gut ein Jahrhundert alten Markt gibt es Gemüse, Obst, Fisch, Käse. Aber auch Kleidung, Stoffe, Möbel. Sogar Matratzen und noch vieles mehr. Der Albert Cuypmarkt ist der berühmteste und bunteste Straßenmarkt in Amsterdam. Zudem der größte seiner Art in ganz Europa. Er lädt zum Einkaufen und Schlendern ein. Manch einer trifft sich hier auf einen Plausch, andere jagen nach Schnäppchen. Händler aus aller Welt bieten an knapp 400 Ständen ihre Waren an. Samstags untermalen Straßenmusiker das Spektakel, das durchs lebhafte De-Pijp-Viertel führt. Benannt wurden der Markt und die gleichnamige Straße nach Albert Cuyp, einem Landschaftsmaler aus dem 17. Jahrhundert.

SUSKE EN WISKE
DE KAARTENDANS
AGENT 327
DOSSIER NACHTWACHT
GUUST
FLATER VERDIENT EEN OPTATER
DE MEESTER VAN DE ZON
URBANUS
OLIVIER BLUNDER
NIEUWE STRIPS 1,50 ps.
DIVERSE SPECIALE Strips VOOR DE Liefhebber
GERARD DE DUIVEL
DE WITTE DEMON
POLITIEK

Shoebaloo

P. C. Hooftstraat 80
1071 CB Amsterdam
Oud Zuid
Telefon: +31 / 20 / 6 71 22 10
www.shoebaloo.nl

Öffnungszeiten: Mo 12.00 bis 18.00, Di+Mi und Fr+Sa 10.00 bis 18.00, Do 10.00 bis 21.00, So 13.00 bis 18.00 Uhr
Produkte: Schuhe, Taschen, Accessoires
Haltestelle: Bus, Tram Hobbemastraat
Stadtplan: Nr. 49

1976 gegründet, begann der erste Laden von Shoebaloo mit dem Verkauf von Cowboystiefeln. Im Lauf der Zeit wurde das Konzept erweitert: Das Geschäft entwickelte sich zum Anbieter von hochmodischen Designerschuhen. Inzwischen gibt es vier Läden in Amsterdam. Das heutige Sortiment reicht von Turnschuhen bis zu extravaganten Kreationen. Darunter finden sich Marken wie Prada, Gucci und Miu Miu. Klassiker sind ebenso vertreten wie verspielte Modelle. Neben Schuh-Freaks kommen aber auch Design-Fans auf ihre Kosten: Der futuristisch gestaltete Laden in der P. C. Hooftstraat wirkt wie ein Raumschiff und arbeitet mit enormen Lichteffekten, um ausgewählte Schuhe in Szene zu setzen.

Art & Flowers

K.N.S.M.-Laan 6
1019 LL Amsterdam
KNSM Eiland
Telefon: +31 / 20 / 4 19 22 73
www.artandflowers.nl

Öffnungszeiten: Mo 10.00 bis 13.00, Di–Fr 10.00 bis 18.00, Sa 10.00 bis 17.00 Uhr, So geschlossen
Produkte: Blumenarrangements, Bouquets
Haltestelle: Bus KNSM Eiland
Stadtplan: Nr. 5

Blumen- und Dekofreunden geht hier das Herz auf: Art & Flowers ist wie ein Künstler, dessen Material Blumen sind. So findet man hier unter anderem bildschöne Arrangements für Haus und Garten. Klassisch, innovativ oder abstrakt, je nach Gusto. Seit 2002 gibt es den Laden in Amsterdam, auf der eindrucksvollen KNSM-Insel. Neben Blumendekors für den Privatgebrauch finden sich hier aber auch Arrangements für Veranstaltungen wie Hochzeiten, Partys und Empfänge. Auf Wunsch wird die komplette Raumdekoration übernommen. Inzwischen eine Institution auf seinem Gebiet, hat sich das Können von Art & Flowers auch international herumgesprochen und viele namhafte Kunden angezogen.

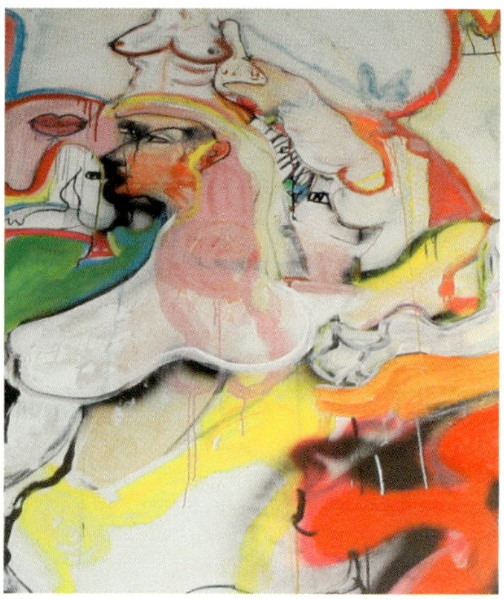

Pol's Potten

K.N.S.M.-Laan 39
1019 LA Amsterdam
KNSM Eiland
Telefon: +31 / 20 / 4 19 35 41
www.polspotten.nl

Öffnungszeiten: Di–Sa 10.00 bis 18.00, So 12.00 bis 17.00 Uhr, Mo geschlossen
Produkte: Vasen, Leuchten, Designermöbel, Kerzen, Wohnaccessoires, Tongefäße
Haltestelle: Bus KNSM Eiland
Stadtplan: Nr. 41

Im Herzen der KNSM-Insel befindet sich dieser Spezialist für Einrichtungsbedarf. KNSM steht für Königliche Niederländische Dampfschiffsgesellschaft, die hier ehemals ihre Docks hatte. In den 90er Jahren wurde das Gebiet zu einer Wohngegend mit imposanten Gebäuden umgebaut. Pol's Potten ist in einem ehemaligen Warenlager der KNSM zu Hause. Angeboten werden Lampen, Möbel, Küchenbedarf, Vasen, Accessoires und vieles mehr. Man setzt auf neueste Trends rund um Haus und Garten. Witzige Ideen fürs Kinderzimmer finden sich hier ebenso wie Hocker in fröhlichem Design. Ein inspirierender Laden, dessen Besuch schon wegen der architektonisch eindrucksvollen Umgebung lohnt.

Villa ArenA

ArenA Boulevard 2–242
1100 DJ Amsterdam
Zuidoost
Telefon: 08 00 / 8 45 52 27
www.villaarena.nl

Öffnungszeiten: Mo 13.00 bis 17.30, Di+Mi und Fr+Sa 10.00 bis 17.30, Do 10.00 bis 21.00 Uhr, Okt–März So 11.00 bis 17.00 Uhr, April–Sept immer nur am letzten So des Monats geöffnet
Produkte: Designermöbel, Wohnaccessoires
Haltestelle: Bus, Metro, Zug Amsterdam Bijlmer ArenA
Stadtplan: Nr. 58

Im Jahr 2001 fertig gestellt, befindet sich dieses gigantische Bauwerk aus Stahl, Glas und Beton im Südosten der Stadt. Es dient als Wohnzentrum mit insgesamt 70 Geschäften auf vier Ebenen. Für den Bau sind die Amsterdamer Architekten Benthem & Crouwel zuständig, den Innenraum haben die Londoner Architekten Virgil & Stone Associates Ltd gestaltet, der Akzent lag dabei auf Weite und viel Freiraum. Auf einer Ausstellungsfläche von 75 000 m² präsentiert sich eine breite Auswahl an Wohn- und Einrichtungsbedarf sowie Design-Gegenständen. Neben großen Möbelanbietern sind auch Spezialisten vertreten. Ein futuristischer Bau in Form eines Rohrs dient als Restaurant und ist im Zentrum des Komplexes angelegt. Viel Raum für inspirierende Einkäufe rund ums Wohnen.

Hotels

Amsterdams Hotellerie verbucht jährlich weit über sieben Millionen Übernachtungen. Es gibt zahlreiche Designer- und Boutiquehotels mit besonderem Charme. Aber auch die größeren Häuser bieten oft Intimität und persönliche Atmosphäre. Anonyme, zweckorientierte Bettenburgen wird man hier kaum finden. Die Zimmer sind häufig individuell und liebevoll gestaltet. Schmale Treppen, antike Möbel und Ausblick auf Grachten sind nur ein paar der Charakteristika, die den Zauber solcher Hotels ausmachen. Viele befinden sich in historischen Bauten. Für jeden Geschmack ist etwas dabei, die Palette reicht von schlichtem, minimalistischem Design bis hin zu üppigen Interieurs. Manche Häuser bieten zusätzlich kulturelle Veranstaltungen, so finden dort Lesungen oder Kunstausstellungen statt. Gerade bei Grachtenhotels mit nur wenigen Zimmern empfiehlt sich frühzeitiges Reservieren: Sie sind oft Wochen im Voraus ausgebucht.

Linke Seite: Lute Suites
Rechte Seite: links T Hotel, rechts Lloyd Hotel

misc eatdrinksleep

Kloveniersburgwal 20
1012 CV Amsterdam
Centrum
Telefon: +31 / 20 / 3 30 62 41
Fax: +31 / 20 / 3 30 62 42
www.misceatdrinksleep.com

Preise: Zimmer mit Blick auf den Garten ab 135 € bis 195 €, Zimmer mit Blick auf den Kanal ab 155 € bis 215 € inkl. Frühstück, nicht alkoholische Getränke und Snack Bar
Serviceangebot: WLAN, Restaurant
Haltestelle: Bus, Metro, Tram Centraal Station, Tram Nieuwmarkt und Dam
Stadtplan: Nr. 31

Ein Gebäude aus dem 17. Jahrhundert beherbergt dieses charmante kleine Hotel. Es befindet sich in einer ruhigen Straße direkt im Stadtzentrum und bietet sechs liebevoll ausgestattete Zimmer. Jedes davon hat ein eigenes Thema und ist individuell gestaltet. So gibt es ein Zimmer im barocken Stil oder eins, das sich am Thema Zen orientiert. Dank der gemütlichen und stilvollen Räume fühlt man sich wie in vertrauter Umgebung. Sie können entweder einen Blick auf den Kanal genießen oder auf einen hübschen Garten schauen. Der Service ist unkompliziert: So können Sie auch mal zu späterer Uhrzeit frühstücken, und das recht lecker. Im Haus befindet sich ein nettes kleines Café.

T Hotel

Leliegracht 18
1015 DE Amsterdam
Centrum
Telefon: +31 / 20 / 4 22 27 41
Fax: +31 / 20 / 6 26 78 73
www.thotel.nl

Preise: Zimmer ab 125 €
Haltestelle: Bus, Tram Westermarkt
Stadtplan: Nr. 55

In einem über 300 Jahre alten historischen Gebäude befindet sich dieses kleine, feine Hotel. Seine insgesamt acht Zimmer sind individuell und komfortabel, mit Möbeln und Gegenständen im Stil der 30er Jahre. Art déco und Bauhaus lassen grüßen. Entweder haben Sie einen Blick auf den Kanal oder in einen Hinterhof mit Garten. Das Zimmer Nr. 8 direkt unterm Dach ist besonders schön. Das Personal sorgt für eine persönliche Atmosphäre, der Service ist aufmerksam. In der Hotelrezeption werden einige Design-Objekte verkauft, darunter von Hand gemalte Keramik, geschliffenes Glas und elegante Damenhüte. Manch ein Stammkunde bucht sein Lieblingszimmer Monate im Voraus. Ein Haus mit Flair.

DIE METALL
WERKSTATT AM
BAUHAUS

Pulitzer

Prinsengracht 315–331
1016 GZ Amsterdam
Centrum
Telefon: +31 / 20 / 5 23 52 35
Fax: +31 / 20 / 6 27 67 53
www.pulitzer.nl

Preise: DZ ab 240 € inkl. Frühstück
Serviceangebot: Konferenzräume, 24h-Zimmerservice, Fahrradverleih
Haltestelle: Bus, Tram Westermarkt
Stadtplan: Nr. 43

Eine prunkvolle Anlage, die sich über 25 Grachtenhäuser aus dem 17. und 18. Jahrhundert erstreckt. Die Umgebung ist dabei so malerisch wie das Hotel: Sie wohnen entweder mit Blick auf die Gracht oder schauen auf hübsche Gärten und Innenhöfe. Die 230 Zimmer sind Unikate, da in der Größe variierend und individuell eingerichtet. Architektonische Details wie Schrägen in manchen Zimmern verleihen zusätzliches Flair. Schon beim Spaziergang durch die Häuser staunt man: An jeder Ecke finden sich Kunstgegenstände oder Deko-Details. Dunkle Holzmöbel, Antikes und Kostbarkeiten zieren die Räume. Die Atmosphäre ist intim. Eine Seltenheit bei Hotels, die so groß sind, dass man sich in ihnen verlaufen könnte.

The Dylan

Keizersgracht 384
1016 GB Amsterdam
Centrum
Telefon: +31 / 20 / 5 30 20 10
Fax: +31 / 20 / 5 30 20 30
www.dylanamsterdam.com

Preise: DZ ab 420 €, EZ ab 260 €
Serviceangebot: Fitness-Bereich, Fahrrad- und Bootsverleih
Haltestelle: Tram Keizersgracht und Spui
Stadtplan: Nr. 11

WELT-Tipp: Das Restaurant des Hotels zählt zu den besten der Stadt. Ausgezeichnet mit 16 von 20 Gault-Millau-Punkten!

Inspiriert von asiatischem Design, gewährt dieses Hotel herrliche Blicke auf die Keizersgracht. Seine 41 Zimmer sind minimalistisch und geschmackvoll dekoriert. Federführend war die britische Designerin Anouska Hempel. Das hübsche Eingangstor führt in ein Handelsgebäude aus dem 17. Jahrhundert, das sich einer reichen Historie erfreut: Über nahezu anderthalb Jahrhunderte befand sich hier ein bekanntes Theater. Vivaldi soll dessen Orchester im Jahre 1737 geleitet haben. Vieles im Hotel ist in Schwarz-Weiß gehalten, der ursprüngliche Steinfußboden ist erhalten geblieben. Mit Farb- und Stil-Kontrasten wird harmonisch gespielt. Ein Stück Bühne ist lebendig, die Inszenierung stimmungsvoll.

Hotel de Filosoof

Anna van den Vondelstraat 6
1054 GZ Amsterdam
Oud Zuid, Vondelpark
Telefon: +31 / 20 / 6 83 30 13
Fax: +31 / 20 / 6 85 37 50
www.hotelfilosoof.nl

Preise: EZ ab 99 €, DZ ab 138 € inkl. Frühstück
Haltestelle: Tram Jan Pieter Heijestraat
Stadtplan: Nr. 22

„Verweile doch, du bist so schön". Zitate wie dieses von Goethe zieren die Wände der Zimmer. Eine der beiden Schwestern, die das Hotel betreiben, ist Professorin für Philosophie. Jedes der 38 Zimmer ist anders eingerichtet und einem berühmten Dichter, Denker oder kulturellen Thema gewidmet. Betont wird dies unter anderem durch Zitate, Bücher, bestimmte Farbtöne, Malereien. So dominiert in einem der Zimmer die Farbe Rot, mit Bezug auf Nietzsches „Morgenröte". Je nach Thema überwiegt minimalistisches oder lustvoll-üppiges Design. Das Hotel verteilt sich über drei Häuser aus dem 19. Jahrhundert. Es finden regelmäßig Lesungen statt. Ob Intellektueller oder nicht, man verweilt hier gerne.

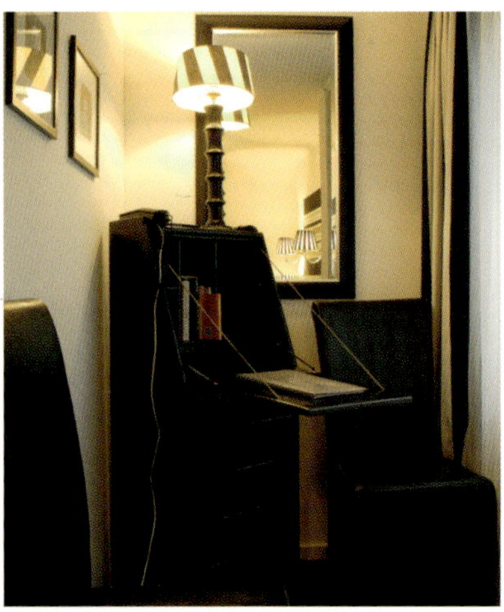

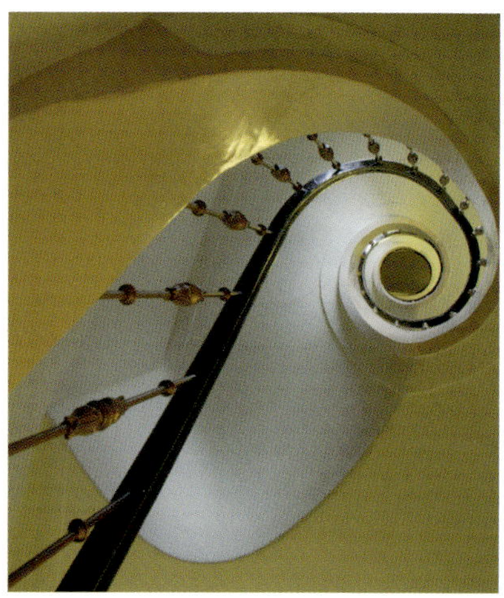

NL Hotel

Nassaukade 368
1054 AB Amsterdam
Centrum
Telefon: +31 / 20 / 6 89 00 30
Fax: +31 / 20 / 6 89 32 25
www.nl-hotel.com

Preise: EZ ab 85 €, DZ ab 110 €
Serviceangebot: Kostenloser Internetzugang
Haltestelle: Tram Leidseplein und Raamplein
Stadtplan: Nr. 35

Mitten im Herzen der Stadt ist dieses neue kleine Boutiquehotel gelegen. Es wurde vom bekannten niederländischen Designer Edward van Vliet gestaltet und ist sehr modern orientiert. Die tendenziell eher kompakten Zimmer – zehn an der Zahl – präsentieren sich übersichtlich und komfortabel, mit netten Details. Klare Formen, Farben und Materialien sorgen für eine entspannte, fast meditative Stimmung. Bequemlichkeit und Hightech sind hier selbstverständlich: Alle Zimmer verfügen über Fernseher mit Flachbildschirmen und kabellosen Internetzugang. Hier können Sie sich gut zurückziehen und in unbeschwerter Atmosphäre Ihren Aufenthalt genießen.

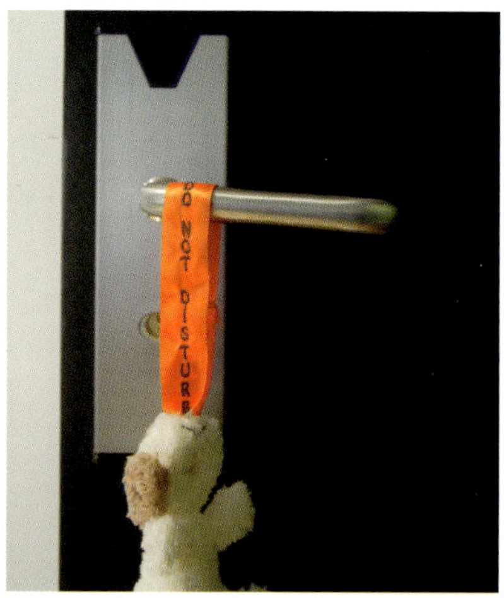

The College Hotel

Roelof Hartstraat 1
1071 VE Amsterdam
Oud Zuid
Telefon: +31 / 20 / 5 71 15 11
Fax: +31 / 20 / 5 71 15 12
www.steinhotels.com/college

Preise: EZ ab 220 €, DZ ab 250 €
Haltestelle: Tram Roelof Hartplein
Stadtplan: Nr. 9

WELT-Tipp: Dass dieses Haus etwas Besonderes ist, beweist auch die Condé Nast Hot List, in die es The College Hotel 2005 und 2007 geschafft hat.

Einem alten Schulgebäude aus dem 19. Jahrhundert wurde ein zweites Leben geschenkt: Aus dem imposanten Bau wurde ein Designhotel mit höchst eleganter Innendekoration. Der Clou: Betrieben wird das Hotel von Studenten der Fachrichtungen Hotellerie und Tourismus. Nicht ohne Aufsicht, denn die Stein Group, zu der das Hotel gehört, steuert die Arbeit der Studenten. Die insgesamt 40 Zimmer sind komfortabel und glamourös eingerichtet, mit einem Mix aus Stilrichtungen und feinsten Stoffen. Für den Gast ein herrlicher Rückzugsort. Für die Studenten ein Ort zum Lernen. Insofern ist etwas vom ursprünglichen Zweck des Gebäudes erhalten geblieben.

Lloyd Hotel

Oostelijke Handelskade 34
1019 BN Amsterdam
Ostelijke Inseln
Telefon: +31 / 20 / 5 61 36 36
Fax: +31 / 20 / 5 61 36 00
www.lloydhotel.com

Preise: EZ ab 80 € bis 450 € inkl. Frühstück
Ausstattung: Konferenzräume
Serviceangebot: Kostenloser Internetzugang, 24h-Zimmerservice, Fahrradverleih, Bibliothek mit großer Auswahl an Kunstbüchern
Haltestelle: Tram Rietlandpark
Stadtplan: Nr. 27

Das schicke Designhotel im Hafen hat den Charakter von gleich mehreren Hotels: Es vereint alle Preis- und Komfortkategorien von einem bis zu fünf Sternen unter seinem Dach. Die 117 Zimmer sind hell und minimalistisch ausgestattet. Dabei ist die Einrichtung teils klassisch, teils modern und variiert von Zimmer zu Zimmer. Diese sind auch mal schräg: In einem können Sie mitten im Raum duschen. Der Backsteinbau aus dem Jahre 1921, ein ehemaliges Emigrantenhotel, wurde von Spezialisten ins heutige Lloyd transformiert: Bekannte Architekten, Designer und Künstler waren federführend. Eine „Botschaft für Kultur" organisiert kleine Ausstellungen und Auftritte. Die perfekte Unterkunft für Unkonventionelle.

KONINKLIJKE HOLLANDSCHE LLOYD
LLOYD:HOTEL

Hotel V

Victorieplein 42
1078 PH Amsterdam
Rivierenbuurt
Telefon: +31 / 20 / 6 62 32 33
Fax: +31 / 20 / 6 76 63 98
www.hotelv.nl

Preise: DZ ab 120 €, EZ ab 80 € inkl. Frühstück
Haltestelle: Bus, Tram Victorieplein
Stadtplan: Nr. 23

WELT-Tipp: Im idyllischen Hotelgarten kann man sich hervorragend vom hektischen Stadtleben erholen.

In einem ehemaligen Wohnhaus befindet sich diese nette Adresse mit 24 Zimmern. Jedes davon ist einfach, modern und stilvoll eingerichtet. Funktional, aber mit Blick fürs Detail. Für eine warme Ausstrahlung trotz Minimalismus sorgen unter anderem frische Blumen, Süßigkeiten auf dem Kopfkissen und Slogans an den Wänden wie „Live and let live". Ein stimmiges Konzept, das auf klare Formen im Design setzt, ohne angestrengt cool zu wirken. Hier wird ein Stück Lebensfreude vermittelt. Die Lobby ähnelt einem Wohnzimmer mit offenem Kamin. Ein hübscher Frühstücksraum mit dunklen Holztischen lädt zum „Energie spendenden Frühstück" ein.

Specials
cafe latte 2,-
cappucino 2,-
espresso 2,-
fresh orange juice 2,50
pastry of the day
& cappucino 3,50

Lute Suites

Amsteldijk Zuid 54–58
1184 VD Ouderkerk a/d Amstel
Ouderkerk
Telefon: +31 / 20 / 4 72 24 62
Fax: +31 / 20 / 4 72 24 63
www.lutesuites.com

Preise: DZ 275 € inkl. Frühstück
Ausstattung: In historischen Gebäuden in Ouderkerk und an der Amstel mit Nähe zum Stadtzentrum gelegen
Serviceangebot: Inkl. Wohnzimmer, Küche, Flachbildschirm-Fernseher
Stadtplan: Nr. 28

Es waren einmal ... ein passionierter Küchenchef und ein ebenso begeisterungsfähiger Designer. Gemeinsam starteten sie ein Projekt: Auf einem ehemaligen Bauernhof im idyllischen Ouderkerk schuf Küchenchef Peter Lute ein Edelrestaurant. In den sieben leer stehenden Häusern des Anwesens, historische Gebäude aus dem Jahr 1740, kreierte der Designer Marcel Wanders sieben bezaubernde Suiten. Alle sind individuell und geschmackvoll eingerichtet. Orte, die Behaglichkeit und Wärme ausstrahlen, durchweg mit Blick auf die Amstel. Das Kanalboot des Hauses kann für private Meetings, Mittag- und Abendessen inkl. eigenem Koch gebucht werden. Im Sommer ist es zudem möglich, ein eigenes Kanalboot zu mieten, für das man keine extra Fahrerlaubnis benötigt. Das Frühstück wird an die Tür gebracht. Klingt nach Märchen? Ist aber Realität.

LUTE

Was noch?

Es gibt viele Möglichkeiten, sich vom Trubel Amsterdams zurückzuziehen. Auch abseits der Hauptattraktionen findet man Sehenswertes: Die Idylle von 28 Parks sowie 13 botanische Gärten und ein Zoo laden zum Entspannen ein. Sie können auf gemütlichen Wegen spazieren, seltene Tiere und Pflanzen entdecken und die Eindrücke der Stadt Revue passieren lassen. Amsterdam ist eine grüne Stadt: 200 000 Bäume säumen Straßen und Plätze. Eine Fahrt durch die Grachten bietet sich jederzeit an und ist vor allem bei Regenwetter die optimale Wahl. Auch wer nur kurz zu Besuch ist, erhält auf diese Weise rasch einen Überblick. Auf der Fahrt sieht man viele Hausboote, etwa 2 500 liegen in den Grachten verankert. Weiterhin gibt es Museen zu speziellen Themen. So wird etwa die Historie der weltweit zweitgrößten Brauerei in ihrem alten Stammgebäude dargestellt. Wer noch Zeit hat und neugierig ist, kann sich auch auf ungewöhnliche Entdeckungsreisen begeben: Zu sehen gibt es zum Beispiel ehemalige Industriegebäude, die heute als Schauplätze der Kultur dienen und einen spröden Charme ausstrahlen. Ein Beweis mehr für Amsterdams kulturellen Reichtum.

Linke Seite: Artis Zoo
Rechte Seite: links Heineken Experience, rechts Westergasfabriek

Grachtenfahrt

Reederij P. Kooij
Rokin gegenüber Nr. 125
1012 KK Amsterdam
Centrum
Telefon: +31 / 20 / 6 23 38 10
www.rederijkooij.nl

Öffnungszeiten: April–Okt 10.00 bis 22.00 Uhr, Nov–März 10.00 bis 17.00 Uhr, 1. April–31. Okt Candle-Light-Dinner-Tour, Reservierung erforderlich
Preise: 7,50 €, je nach Reederei
Haltestelle: Tram Rokin, Centraal Station, Leidseplein, Amstel/Munt, Damrak. Es gibt verschiedene Einstiegsmöglichkeiten, die alle im Plan auf S. 158/159 mit der Nr. 15 gekennzeichnet sind.
Stadtplan: Nr. 15

So bekommen Sie einen einzigartigen Blick auf die Stadt: Mehrere Unternehmen bieten Grachtenfahrten an, die an wichtigen Stationen halten und viele Informationen über die Sehenswürdigkeiten und zur Geschichte Amsterdams vermitteln. Auch das Herzstück der Stadt – ihr Kanalsystem – wird erläutert. Die Bootsfahrt dauert ein bis zwei Stunden und führt an malerischen Häuserzeilen entlang. Dabei stehen verschiedene Routen zur Auswahl. Anleger findet man am Hauptbahnhof und im Zentrum. Je nach Ticket ist es möglich, an einzelnen Stationen auszusteigen und später weiter zu fahren. Eine besonders romantische Alternative ist die abendliche Rundfahrt bei Kerzenschein und mit Blick auf die beleuchteten Grachten.

Artis Zoo

Plantage Kerklaan 38–40
1018 CZ Amsterdam
Oost
Telefon: +31 / 20 / 5 23 34 00
www.artis.nl

Öffnungszeiten: täglich 9.00 bis 17.00 Uhr, im Sommer bis 18.00 Uhr
Eintrittspreise: 17,50 €, über 65 Jahre 16,50 €, Kinder von 3 bis 9 Jahren 14 €
Haltestelle: Metro Waterlooplein, Tram Plantage Middenlaan
Stadtplan: Nr. 6

WELT-Tipp: Der Zoo bietet auch eine Tour an, bei der homosexuelle Tiere gezeigt werden.

Natura Artis Magistra: Die Natur ist die Mutter der Kunst, so der offizielle Name dieses Tierparks. Hinter dem kunstvollen Eingang aus historischen und modernen Bauelementen verbirgt sich mehr als nur ein Zoo. Zum Artis zählen außerdem ein Aquarium, ein botanischer Garten, ein zoologisches und geologisches Museum sowie ein Planetarium. Der Park atmet Geschichte: Historische Gebäude schaffen eine Atmosphäre wie im 19. Jahrhundert. Beschauliche Pfade für Fußgänger laden zu Spaziergängen ein. Der drittälteste Zoo der Welt beherbergt mehr als 700 Tierarten, über 200 Baumsorten und viele seltene Pflanzen. Als besondere Attraktion wird das Kanalsystem Amsterdams simuliert. Mutter Natur mitten in der Stadt.

Hortus Botanicus

Plantage Middenlaan 2 a
1018 DD Amsterdam
Centrum
Telefon: +31 / 20 / 6 25 90 21
www.hortus-botanicus.nl

Öffnungszeiten: Mo–Fr 9.00 bis 17.00 Uhr, Sa, So und feiertags 10.00 bis 17.00 Uhr, Dez–Jan bis 16.00 Uhr, Juli+Aug bis 21.00 Uhr
Eintrittspreise: 6 €, Kinder und Senioren 3 €
Haltestelle: Tram Mr. Visserplein, Metro Waterlooplein
Stadtplan: Nr. 21

Einen Reichtum von 6000 Pflanzen – in über 4000 Arten – kann man in diesem botanischen Garten bewundern, einem der ältesten der Welt. 1638 als ein Garten für medizinische Kräuter angelegt, wuchs der Hortus Botanicus im Laufe des 17. und 18. Jahrhunderts rasch an. Dies geschah durch zahlreiche Kräuter und Pflanzen, die von der Ostindischen Handelsgesellschaft nach Amsterdam geschifft wurden. Eine Kaffeepflanze aus diesem Garten wurde im 18. Jahrhundert gar zur Mutter aller eingesetzten Pflanzen in den Kaffeeplantagen französischer und portugiesischer Kolonien. Sechs verschiedene Klimazonen werden in den Gewächshäusern nachgebildet. Ein hübsches Café in der restaurierten Orangerie von 1875 lädt zum Verweilen ein.

Heineken Experience

Stadhouderskade 78
Amsterdam
Centrum / Oud Zuid
Telefon: +31 / 20 / 5 23 96 66
www.heinekenexperience.com

Öffnungszeiten: Di–So 10.00 bis 18.00 Uhr, Mo, 25. Dez, 26. Dez, 1. Jan geschlossen
Eintrittspreise: 10 €
Haltestelle: Tram Heinekenplein
Stadtplan: Nr. 17

Die Geschichte der Brauerei mit den meisten Niederlassungen weltweit wird hier dargestellt: Auf einer ein- bis zweistündigen Erlebnistour durch die alte Heineken Brouwerij erfährt man Wesentliches zur Kunst der Bierherstellung und den Hintergründen der Firmenhistorie. Während die Branche wirtschaftlich schwere Zeiten durchlebte, kaufte Gerard Adriaan Heineken 1864 eine Brauerei in Amsterdam auf und ließ das Gebäude an der Stadhouderskade errichten, in dem bis 1988 Bier gebraut wurde. Die Tour durchs alte Stammgebäude von 1867 und den Erweiterungsbau von 1930 umfasst 19 Stationen, das Tempo kann man selbst bestimmen. Zu sehen gibt es unter anderem riesige Braukessel aus Kupfer sowie alte Bierkutschen. Als weiteres Highlight besteht die Möglichkeit selbst als „Bierflasche" beim „Bottleride" den Ablauf zu erleben. Am Ende der Tour wartet eine Überraschung auf Sie.

Heineken
erience
Heineken Bier
6 miljoen BeerTender fusten verkocht
Heineken
No Entrance

Vondelpark

Süden der Stadt
Oud Zuid
www.vondelpark.nl

Öffnungszeiten: Immer zugänglich
Eintrittspreise: Freier Eintritt
Haltestelle: Tram Jacob Obrechtstraat, Emmastraat und Cornelius Schuytstraat
Stadtplan: Nr. 59

WELT-Tipp: Unangefochten das beste Laufrevier für Jogger in Amsterdam. Von Juni bis August wird hier auf mehreren Bühnen das „Openluchtfestival" veranstaltet.

Zehn Millionen Menschen zieht es jährlich in den größten Stadtpark Amsterdams. 1865 wurde die Grünfläche im Auftrag von wohlhabenden Bürgern der Stadt angelegt und nach dem Vorbild englischer Gärten gestaltet. Anfang der 70er-Jahre des vergangenen Jahrhunderts war er ein beliebter Treffpunkt für Hippies. Man findet hier eine reiche Idylle zwischen Wiesen und Teichen. Rund 4400 Bäume in über 120 Arten beherbergt der Park, der von Radwegen durchzogen ist. Die Freilichtbühne im Sommer wartet mit zahlreichen Veranstaltungen wie Konzerten und Theaterstücken auf. Nach einem gemütlichen Spaziergang können Sie sich in einem der Cafés stärken oder das benachbarte Filmmuseum besuchen. Benannt ist der Park nach dem Dichter Joost van den Vondel, auch „Shakespeare der Niederlande" genannt. Sein Denkmal kann man hier bewundern.

Westergasfabriek

Haarlemmerweg 8–10
1014 BE Amsterdam
Westerpark
Telefon: +31 / 20 / 5 86 07 10
www.westergasfabriek.nl

Haltestelle: Bus Van Hallstraat und Van Limburg Stirumplein
Stadtplan: Nr. 61

Die ehemalige Gasfabrik von 1883 im Westen der Stadt ist heute eine Kulturfabrik: Zahlreiche Veranstaltungen machen aus dieser großflächigen Anlage ein Mekka für Kreative. So finden hier Theateraufführungen, Festivals und Events statt. Auch ein Kino, eine Kunstgalerie und ein Tanzklub befinden sich auf dem Gelände. Die meisten Gebäude der Fabrik wurden im Stil der niederländischen Renaissance gebaut, einige blieben als Industriedenkmäler erhalten. Seinerzeit das größte Gaswerk Amsterdams, wurde es aufgrund der Entdeckung von Erdgas im 20. Jahrhundert geschlossen. In den 90er-Jahren schon vorübergehend für kulturelle Zwecke genutzt, wurde aus dem Provisorium eine dauerhafte kulturelle Einrichtung.

Heineken
Pacific

Nützliche Tipps & Adressen

ANKUNFT IN AMSTERDAM

Per Flugzeug

Luchthaven Schiphol (AMS)
Tel. +31 / 900 / 01 41 (35 ct/Min.)
www.schiphol.nl
Der internationale Flughafen Amsterdam Schiphol liegt ca. 18 km südwestlich vom Stadtzentrum.
Schiphol ist an das Bahnnetz angeschlossen; die Bahnstation liegt unter der Abflughalle. Ab Flughafen alle 20 Min. Schnellzug zum Hauptbahnhof in der Innenstadt von Amsterdam (Centraal Station – CS), Fahrzeit 20 Min. Kleinbusse des Connexxion Schiphol Hotel Shuttle fahren ab Haltestelle A7 vor der Ankunftshalle zu über 100 Hotels in Amsterdam, 6.20–20.20 Uhr alle 30 Min., www.schipholhotelshuttle.nl. Taxifahrt in die Innenstadt ca. 30 Min., Tarif ca. 40 €.

Per Bahn

Centraal Station – CA
Der Hauptbahnhof ist Knotenpunkt internationaler und nationaler Zugstrecken. Anbindung an das Nahverkehrsnetz.

Bahninformation
Deutsche Bahn, Tel. 118 61, www.bahn.de
NS, Tel. +31 / 900 / 202 11 63 (10ct./Min), www.ns.nl

Einreise- und Zollbestimmungen
Deutsche benötigen zur Einreise in die Niederlande einen gültigen Personalausweis. Es gibt praktisch keine Zollbegrenzungen für Deutsche. Pro Person ab 17 Jahren sind Waren für den privaten Bedarf zollfrei, u. a. 800 Zigaretten, 400 Zigarillos, 200 Zigarren, 1 kg Tabak, 10 l Spirituosen, 90 l Wein und 110 l Bier.

INFORMATION

Touristeninformation

Niederländisches Büro für Tourismus (NBT)
Postfach 27 05 80
50511 Köln
Tel. 018 05 / 34 33 22 (12 ct/Min.)
Fax 018 05 / 34 33 20
info@niederlande.de
www.niederlande.de

Amsterdam Toerisme & Congres Bureau (ATCB)
De Ruyterkade 5
1013 AA Amsterdam
Tel. +31 / 900 / 400 40 40 (40 ct/Min.)
Fax +31 / 20 / 625 28 69
info@atcb.nl
www.amsterdamtourist.nl
Vor Ort halten die **VVV-Informationsstellen** Prospektmaterial bereit, helfen bei der Zimmervermittlung, organisieren Stadtbesichtigungen u. v. m.:
Stationsplein 10, im Noord-Zuid Hollands Koffiehuis gegenüber vom Hauptbahnhof, tgl. 9–17 Uhr
Hauptbahnhof (Centraal Station), Gleis 2, Mo–Do 8–20, Fr bis 21, Sa bis 20, So 9–17 Uhr
Leidseplein 1/Leidsestraat, Mo–Sa 9–17, So bis 17.15 Uhr; im Flughafen Schiphol, Ankunftshalle 2, bei der Schiphol Plaza, tgl. 7–22 Uhr

Stadtmagazine
Elfmal jährlich erscheint der kostenlose **Uitkrant**, eine umfassende und übersichtlich aufgebaute Veranstaltungszeitschrift auf Niederländisch. Knapper, aber auf Englisch informiert **Day by Day – What's on in Amsterdam**, monatlich im Tourist Office oder Zeitschriftenhandel. Ebenfalls auf Englisch informiert das Monatsmagazin **Shark**, kostenlos in vielen Cafés, Kulturzentren etc. Ein wöchentliches Programmheft liegt jeden Samstag der Tageszeitung **Het Parool** bei.

Websites

Allgemein
www.amsterdam.nl – Homepage der Stadt mit viel Hintergrundwissen und aktuellen Touristeninformationen (Niederl.)
www.iamsterdam.com –Stadtportal speziell für ausländische Besucher (Engl.)
www.visitamsterdam.nl – Homepage der Amsterdamer Touristeninformation mit Veranstaltungstipps, Shoppinghinweisen, Spartipps etc. (Niederl./Engl.)
www.koninklijkhuis.nl – Offizielle Website des niederländischen Königshauses (Niederl./Engl.)
www.simplyamsterdam.nl – Umfangreiche Linksammlung für Touristen (Engl.)

Ausgehen
www.amsterdamhotspots.nl – Restaurants, Cafés, Bars, Veranstaltungshinweise (Engl.)
www.dinnersite.nl – Restaurantführer für die gesamten Niederlande (Niederl./Engl.)
www.gayamsterdam.com – Tipps speziell für Schwule und Lesben (Niederl./Engl.)
www.pubclub.com/amsterdam – Wegweiser durch die Szene zu Chill-out-Lounges, Diskos, Bars (Engl.)

Kunst & Kultur
www.akka.nl/agenda – Ausstellungen in Galerien und Museen (Engl.)
www.bmz.amsterdam.nl – Homepage des Denkmalschutzamtes mit Erklärungen zur Stadtarchitektur und virtuellem Stadtrundgang (Niederl./Engl.)
www.amsterdammuseums.nl – Vorstellung der 35 wichtigsten Museen der Stadt (Engl.)
www.parool.nl/uitgaan – Aktuelle Infos zu Theater, Tanz, Film, Kunst und Musik (Niederl.)
www.onstage.nl – Alles über Theater, Konzerte und Filme (Niederl.)

Sport & Freizeit
www.ajax.nl – Infos über die Spiele des Fußballclubs Ajax Amsterdam (Niederl./Engl.)
www.fridaynightskate.nl – Jeden Freitag ab 20 Uhr auf Inlinern durch Amsterdam (Niederl./Engl.)
www.mirandabad.nl – Homepage des tropischen Schwimmparadieses Mirandabad (Niederl.)

Unterkunft
www.amsterdamhouse.com – Vermittlung von Hotelzimmern, Apartments oder Hausbooten (Engl.)
www.simplyamsterdam.nl – Hotelreservierungssystem (Dt.)

Veranstaltungskalender
www.amsterdam.uitlijn.nl – Kultursuchmaschine mit Veranstaltungskalender und Online-Ticket-Verkauf (Niederl./Engl.)
www.underwateramsterdam.com – Veranstaltungskalender des Monatsmagazins Shark (Engl.)

LITERATURTIPPS

Jessica Durlacher
Die Tochter. Der Liebesroman thematisiert das lange Nachwirken einer nationalsozialistischen Vergangenheit.

Anne Frank
Tagebuch. Die junge Jüdin schildert eindringlich ihr Leben in einem Versteck in Amsterdam während der deutschen Besatzung im Zweiten Weltkrieg.

Willem Frederik Hermans
Die Tränen der Akazien. Das letzte Jahr des Zweiten Weltkriegs in Amsterdam, der Student Arthur Muttah begibt sich auf eine Suche nach Wahrheit und Ordnung.

Geert Mak
Amsterdam. Biografie einer Stadt. Eine Reise durch die Geschichte und Kultur Amsterdams.

Cees Nooteboom
Rituale. Schauplatz des Romans um den Großstadttaugenichts Inni Wintrop ist das Amsterdam der 1960er- und 1970er-Jahre.

Thomas Rosenboom
Neue Zeiten. 1888 in Amsterdam. Walter Vedder will aus dem Verkauf seines Häuschens Profit schlagen. Doch so einfach kommt man nicht zu Geld und Wohlstand.

Willem van Toorn
Als würde ich vor Glück ersticken. Autobiografischer Roman über die Kindheit in Amsterdam zwischen 1940 und 1945.

Theun de Vries
Rembrandt. Packender Roman über den niederländischen Maler und das Amsterdam des 17. Jh.

Janwillem van de Wetering
Outsider in Amsterdam, (u. a.). Die Amsterdamkrimis aus den 1970er-Jahren mit dem Polizistenduo Adjutant Grijpstra und Brigadier de Gier haben Kultstatus (nur noch antiquarisch).

STADTBESICHTIGUNG

Stadtrundfahrten

Grachtenfahrten
In der Regel werden Besichtigungstouren in Amsterdam per Boot durchgeführt. Mehrere Reedereien bieten ganzjährig Grachtenfahrten an. Mehrere Anlegestellen in der Innenstadt, Dauer ca. 60–90 Min., ab 8,50 €/Pers. Außerdem Themen- und Sonderfahrten. Weitere Informationen u. a. bei:
Rederij Lovers, Tel. +31 / 20 / 530 10 90, www.lovers.nl.
Rederij Noord-Zuid, Tel. +31 / 20 / 679 13 70, www.canalcruise.nl.

Der **Canal Bus** verkehrt auf drei Routen durch das Stadtgebiet mit 14 Haltestellen nahe der großen Museen und Hauptsehenswürdigkeiten. Fahrtunterbrechung jederzeit möglich. Tageskarte 17 € (gültig ab Entwertung bis 12 Uhr am nächsten Tag), Kombitickets inkl. Museumsbesuch ab 22 €. Info: www.canal.nl.

Mit dem **Canal Bike**, einem viersitzigen Tretboot, ist eine individuelle Erkundung der Grachten möglich. Liegeplätze am Anne Frank Huis, am Leidseplein, am Rijksmuseum und an der Keizersgracht/Leidsestraat, im Sommer tgl. 10–18 Uhr, je nach Wetter bis 21.30 Uhr, im Winter bis 17 Uhr nur ab Rijksmuseum. Bootsmiete 1 Std. 7–8 €/Pers., Kaution 50 €. Info: www.canal.nl.

Bustouren
Eine Besichtigung Amsterdams im Touristenbus bietet u. a. Best of Holland, tgl. 12 und 14.30 Uhr ab Damrak 34, 2,5 Std. 18 €/Pers. oder 3,5 Std. 23 €/Pers. Auch als kombinierte Bus- und Grachtenfahrt buchbar.

Fähren
Die Buiksloterweg-Fähre und IJplain-Fähre ermöglichen eine kurze kostenlose Bootstour vom Waterplein West hinter dem Hauptbahnhof hinüber ans andere IJ-Ufer.

Stadtführungen

Amsterdam by Rob vam Hulst
www.redlight-tours.com
Tour durchs Rotlichtviertel mit historischen, soziologischen und architektonischen Hinweisen (auch Engl.).

Guidor
Tel. +31 / 20 / 624 60 72
www.guidor.nl
Private Fremdenführer, auch deutschsprachige.

Let's Go
www.letsgo-amsterdam.com
Führungen zu Fuß und per Fahrrad für Gruppen nach Voranmeldung und offene Stadtführungen, z. B. Mysterie Tour durch das alte Zentrum (auch Engl.).

Urban Home & Garden Tour
Tel. +31 / 20 / 688 12 43
www.uhgt.nl
Knapp dreistündige Besichtigung von Grachtenhäusern, Gärten und Innenhöfen (auch Engl.). Ende April–Mitte Okt. Fr 10.15, Sa 11.15, So 12.15 Uhr, ca. 23,50 €/Pers.

Yellow Bike
Tel. +31 / 20 / 620 69 40
www.yellowbike.nl
Dreistündige geführte Radtour durch Amsterdam (auch Engl.). Startpunkt Nieuwezijds Kolk 29, März–Dez. tgl. 9.30 und 14 Uhr, 18,50 €/Pers. inkl. Radmiete.

Aussichtspunkte

Kalvertoren
Kalverstraat/Singel
Vom gläsernen Aussichtsturm des Einkaufszentrums Blick auf die Innenstadt.

Westerkerk
Prinsengracht 281
Aussicht vom 85 m hohen Turm über die Grachten.

TICKETS & ERMÄSSIGUNGEN

Ticketbüros

Amsterdams Uit Buro (AUB)
Kleine-Gartmanplantsoen 21
Tel. +31 / 20 / 621 13 11
Fax +31 / 20 / 621 13 12
aub@aub.nl
www.amsterdamsuitburo.nl
Ticketshop: Leidseplein/Ecke Marnixstraat,
Mo–Sa 10–19.30, So 12–19.30 Uhr
Callcenter: Tel. +31 / 9 00 / 01 91 (40 ct/Min.), 1x tgl. 9–20 Uhr

Ermäßigungen

I amsterdam Card
Freie Fahrt mit den öffentlichen Verkehrsmitteln der GVB, kostenloser Eintritt in fast allen Museen, 25 % Ermäßigung bei weiteren touristischen Einrichtungen, einigen Restaurants, Fahrradverleih etc. Erhältlich online beim Amsterdam Toerisme & Congres Bureau oder vor Ort bei den VVV Informationsstellen (s. o.), 24-Std.-Ticket 33 €, 48-Std.-Ticket 43 €, 72-Std.-Ticket 53 €.

All Amsterdam Transport Pass
Freie Fahrt mit Metro, Straßenbahn, (Nacht-)Bussen und Canal Bus im gesamten Stadtgebiet sowie Ermäßigungen in Museen, touristischen Einrichtungen und Restaurants. Erhältlich u. a. beim GVB-Serviceschalter gegenüber dem Bahnhof, den Verkaufsstellen des Canal Bus. 23 €/Pers., gültig ab Entwertung bis zum folgenden Tag um 12 Uhr. Info: www.canal.nl.

UNTERWEGS IN AMSTERDAM

Öffentlicher Personennahverkehr

Verkehrsbetriebe Amsterdam (GVB)
Tel. +31 / 900 / 80 11
www.gvb.nl
Ticket- und Informationsschalter
Stationsplein, gegenüber dem Hauptbahnhof,
Mo–Fr 7–21, Sa/So 10–18 Uhr
Metrostation am Hauptbahnhof, Mo–Fr 7–18, Sa 10–17 Uhr

Die Verkehrsbetriebe unterhalten ein dichtes Liniennetz bestehend aus 4 Metro-, 16 Straßenbahn-, 5 Fähr- und mehr als 30 Busverbindungen. Straßenbahnen verkehren zwischen den wichtigsten Sehenswürdigkeiten im 10-Min.-Takt. Vom Hauptbahnhof über die Prinsengracht bis Stopera und zurück fahren die weißen Opstapper-Minibusse Mo–Sa 7.30–18.30 Uhr im 10-Min.-Takt; Ein- und Aussteigen an der Route überall möglich. Nachtbusse fahren nach 0.30 Uhr stündlich bzw. Do–So halbstündlich. Der Großraum Amsterdam ist in elf Tarifzonen unterteilt. Touristen bewegen sich vornehmlich im Zentrum (2 Streifen). Einzelfahrschein 1,60 €, 24-Std.-Ticket 6,30 €, 48-Std.-Ticket 10 €, 72-Std.-Ticket 13 €., Nachtbusticket 3 €. Unbegrenztes Fahren erlauben die I-amsterdam-Card und der All Amsterdam Transport Pass (s. o.). Ticketverkauf u. a. am GVB-Ticketschalter, bei den VVV-Informationsstellen, in Metroautomaten; in Bussen und Bahnen sind die Tickets teurer. Die Streckenpläne können auf der Homepage des GVB eingesehen werden.

Taxi

Taxifahrten sind relativ teuer, 5 km etwa 9 €. Fahrten unter 5 km werden meist nicht angenommen.
Tel. +31 / 20 / 677 77 77

Fahrradverleih

Bike City
Bloemgracht 68–70
Tel. +31 / 20 / 626 37 21
www.bikecity.nl
Tgl. 9–18 Uhr, Tagesmiete 8,50 €

Nützliche Tipps & Adressen

MacBike
www.macbike.nl
Tgl. 9–17.45 Uhr, Tagesmiete ab 4,25 €
Standorte u. a.: Stationsplein 10, Tel. +31 / 20 / 620 09 85 und Leidseplein, Tel. +31 / 20 / 620 09 85

VERANSTALTUNGEN

Chinees Nieuwjaar
1. Feb. chinesisches Neujahrsfest. In Amsterdams Chinatown.

Filmmuseum Biënnale
Mitte April in ungeraden Jahren, u. a. Vorführung von Stummfilmen aus dem großen Bestand des Filmmuseums mit Musikbegleitung (www.filmmuseum.nl).

Koninginnedag
30. April, Fest zum Geburtstag der Königin mit einem Riesenfloh- und -jahrmarkt in der Innenstadt.

Bevrijdingsfestival
5. Mai, Volksfest anlässlich der Befreiung von der deutschen Besatzung mit Märkten, Musik- und andere kulturellen Veranstaltungen (www.amsterdamsbevrijdingsfestival.nl).

Vondelpark Openluchttheater
Juni–Aug., Kulturprogramm im Vondelpark mit Theater, Konzerten, Kino etc. unter freiem Himmel (www.openluchttheater.nl).

Holland Festival
Juni, dreiwöchiges Theater-, Opern-, Musik- und Tanzfestival, erstklassige Aufführungen, viel Experimentelles (www.hollandfestival.nl).

Julidans
Juli, dreiwöchiges internationales Tanzfestival mit hochkarätigen Truppen, u. a. in der Stadsschouwburg (www.julidans.com).

Kwakoe-Festival
Anfang Juli–Mitte Aug., Fest der Surinamer in Bijlmermeer mit Fußball, Literatur, Tanz, Theater und Delikatessen aus der karibischen Küche (www.kwakoe.nl).

Over het IJ Festival
Juli, Theaterfestival mit spektakulären Performances auf der NDSM-Werft (www.ijfestival.nl).

Grachtenlauf
2. So im Juli, 11 Uhr am Leidseplein Startschuss zum 5-, 10- oder 20-km-Lauf.

Jordaan Festival
Wochenende im Juli oder Aug., nostalgisches Stadtteilfest mit stimmungsvollen Jordaan-Liedern, Orgelmusik, Tanz und Bier (www.jordaanfestival.nl).

De Parade
Ende Juli–Mitte Aug., Theaterfestival im Martin Luther Kingpark, außerdem Artisten, Tänzer, Musiker etc. (www.mobilearts.nl).

Canal Parade
Anfang Aug., Fest der Gay Community auf skurrilen Schwimmobjekten im Grachtengürtel.

Grachtenfestival
Aug., mehr als 80 Konzerte auf den Grachten, in Privathäusern und -gärten, auf Terrassen und in Konzertsälen, Höhepunkt ist das Prinsengrachtconcert am Samstag (www.grachtenfestival.nl).

Uitmarkt
Meist letztes Wochenende im Aug., Kulturfestival mit Kostproben von Musik-, Tanz- und Theatergruppen aus dem Programm der nächsten Saison (www.uitmarkt.nl).

Bloemencorso
Anfang Sept., Umzug mit bunt geschmückten Wagen (www.bloemencorsoaalsmeer.nl).

Dam tot Damloop
Mitte Sept., 10-Meilen-Lauf zwischen Amsterdam und Zaandam (www.damloop.nl).

Open Monumentendag
Erstes oder zweites Wochenende im Sept., Einblick in

sonst meist verschlossene historische Bauwerke und Grachtenhäuser (www.openmonumentendag.nl).

Amsterdam City Marathon
Mitte Okt. (www.amsterdammarathon.nl).

Sinterklaas
Drittes Wochenende im Nov., Einfahrt des Weihnachtsmanns und seines Gefolges auf dem Dampfschiff Spanje in die Stadt (www.sintinamsterdam.nl).

WICHTIGE HINWEISE

Geld
Landeswährung: Euro (€)
Bank- und Kreditkarten: Bargeld kann man mit der Maestro-Card oder Kreditkarte an Geldautomaten abheben. Beide Karten werden auch in vielen Hotels, Restaurants und Geschäften akzeptiert.

Notfall
Notruf: Tel. 112 (Polizei, Feuerwehr, Ambulanz)
Polizei: Tel. +31 / 900 / 88 44
Medizinischer Bereitschaftsdienst:
Tel. +31 / 635 03 02 42 (Ärzte, Zahnärzte, Apotheken)
Konsulat: Deutsches Generalkonsulat, Honthorststraat 36–38, Tel. +31 / 20 / 574 77 00

Öffnungszeiten
Banken: Mo 13–17, Di–Fr 9–17 Uhr
Geschäfte: Mo 13–18, Di–Sa 9–18 Uhr; in der Innenstadt einige Läden Do bis 21 Uhr sowie So 12–17 Uhr.
Museen: Ruhetag meist am Mo, manche Sa/So; größere Museen tgl. geöffnet.
Restaurants: Mittagessen 12–14 Uhr, Abendessen 18–22/23 Uhr; Nachtrestaurants servieren auch später Essen.
Kneipen: bis 1 Uhr, am Wochenende teils bis 3 Uhr geöffnet.

Preisniveau
Amsterdam ist teuer, das gilt vor allem für Hotels und Restaurants. Low-Budget-Hotels verlangen für die Übernachtung im Doppelzimmer selten unter 80 € (inkl. Frühstück). Am Wochenende und insbesondere in der Nebensaison locken jedoch vor allem die exklusiven Hotels mit Sonderangeboten. Die Preise im Restaurant liegen etwa ein Drittel über deutschem Niveau. Das günstigste Angebot ist oftmals das Tagesgericht *(dagschotel)*, gehobene Restaurants bieten in der Regel ein preiswerteres Lunchmenü an.

Rauchen und Drogen
Ein offizielles Rauchverbot in öffentlichen Einrichtungen, Hotels, Restaurants und Kneipen gibt es in den Niederlanden noch nicht. Gaststätten sind lediglich aufgefordert, Nichtraucherzonen einzurichten. Lediglich in den U-Bahnstationen und öffentlichen Verkehrsmitteln darf nicht geraucht werden. Der Verkauf weicher Drogen wie Hasch und Marihuana in den so genannten coffeeshops wird geduldet, ebenso wie der Konsum dieser Drogen.

Reisezeit
In Amsterdam herrscht Seeklima mit gemäßigten Temperaturen im Sommer und in der Regel milden Wintern ohne Frost. Das Wetter ist sehr wechselhaft, und auch im Sommer sind kurze Regenschauer an der Tagesordnung. Insbesondere im Januar und Februar ist es stürmisch.

Sicherheit
Wie in anderen Metropolen muss man auch in Amsterdam vor Taschen- und Trickdieben, Drogenjunkies und Autoschiebern auf der Hut sein. An den neuralgischen Punkten wie Bahnhof, Leidseplein oder Dam ist die Polizei stark präsent. Wer mit dem Auto unterwegs ist, sollte keine Wertsachen im Fahrzeug liegen lassen und das Autoradio sichtbar sichern oder ausbauen.

Telefonieren
Vorwahl Amsterdam: 020
Deutschland – Amsterdam: +31 + 20 + Teilnehmernummer
Amsterdam – Deutschland: +49 + Ortsvorwahl ohne 0 + Teilnehmernummer
Telefonauskunft: Tel. +31 / 900 / 80 08 und www.kpn.com
Öffentliche Telefone in den grünen Zellen funktionieren nur mit der Telecard, erhältlich in Kiosken und Postämtern.

61
Nassaukade
3
60
26
37
Rozengracht
43
52
13
16
10
11
Nassaukade
36
35
54
15
51
LEIDSEPLEIN
Overtoom
22
59
49
57
20

Westerdoksdijk
Prinsengracht
Keizersgracht
Herengracht
Singel
CENTRAAL STATION
De Ruijterkade
IJ-Tunnel
Piet Heinkade
OUDE KERK
Damrak
Dam
NIEUWMARKT
Prins Hendrikkade
Kattenburgerstraat
Spuistraat
Rokin
Wertheim-park
Artis
Amstel
ONIGSPLEIN
Vijzelstraat
Weesperstraat
Plantage Middenlaan
Mauritskade
Linnaeustraat
Oosterpark
Wibautstraat
Stadhouderskade
m 100
500
5
14
24
27
40
41
15
12
48
32
7
39
55
42
30
33
31
53
2
8
15
45
29
38
18
50
4
56
44
25
21
6
17
23
1
28
58
46

City Highlights

AMSTERDAM
ISBN 978-3-8327-9184-1

BARCELONA
ISBN 978-3-8327-9178-0

BERLIN
ISBN 978-3-8327-9179-7

HAMBURG
ISBN 978-3-8327-9181-0

LONDON
ISBN 978-3-8327-9190-2

MAILAND
ISBN 978-3-8327-9186-5

MÜNCHEN
ISBN 978-3-8327-9180-3

NEW YORK
ISBN 978-3-8327-9185-8

PARIS
ISBN 978-3-8327-9183-4

ROM
ISBN 978-3-8327-9188-9

VENEDIG
ISBN 978-3-8327-9187-2

WIEN
ISBN 978-3-8327-9189-6

Einzelbände
Format: 19 x 24 cm
160 Seiten
Hardcover
ca. 300 Farbfotografien
Texte in Deutsch

Gesamtedition
ISBN 978-3-8327-9191-9

WELT EDITION

teNeues